思想学术系列

考古学史话

A Brief History of Archaeology in China

朱乃诚 / 著

社会科学文献出版社
SOCIAL SCIENCES ACADEMIC PRESS (CHINA)

图书在版编目（CIP）数据

考古学史话/朱乃诚著 . —北京：社会科学文献出版社，
2011.8（2013.6 重印）
（中国史话）
ISBN 978-7-5097-2577-1

Ⅰ.①考… Ⅱ.①朱… Ⅲ.①考古学史-中国
Ⅳ.①K87-09

中国版本图书馆 CIP 数据核字（2011）第 143721 号

"十二五"国家重点出版规划项目

中国史话·思想学术系列

考古学史话

著　　者／朱乃诚

出 版 人／谢寿光
出 版 者／社会科学文献出版社
地　　址／北京市西城区北三环中路甲 29 号院 3 号楼华龙大厦
邮政编码／100029

责任部门／人文分社　（010）59367215
电子信箱／renwen@ssap.cn
责任编辑／赵晶华　东　玲
责任校对／吴旭栋
责任印制／岳　阳
经　　销／社会科学文献出版社市场营销中心
　　　　　（010）59367081　59367089
读者服务／读者服务中心（010）59367028

印　装／北京画中画印刷有限公司
开　本／889mm×1194mm　1/32　印张／7.25
版　次／2011 年 8 月第 1 版　字数／135 千字
印　次／2013 年 6 月第 2 次印刷
书　号／ISBN 978-7-5097-2577-1
定　价／15.00 元

本书如有破损、缺页、装订错误，请与本社读者服务中心联系更换
版权所有　翻印必究

《中国史话》编辑委员会

主　　任　陈奎元

副 主 任　武　寅

委　　员　(以姓氏笔画为序)

　　　　　　卜宪群　王　巍　刘庆柱
　　　　　　步　平　张顺洪　张海鹏
　　　　　　陈祖武　陈高华　林甘泉
　　　　　　耿云志　廖学盛

总　序

中国是一个有着悠久文化历史的古老国度，从传说中的三皇五帝到中华人民共和国的建立，生活在这片土地上的人们从来都没有停止过探寻、创造的脚步。长沙马王堆出土的轻若烟雾、薄如蝉翼的素纱衣向世人昭示着古人在丝绸纺织、制作方面所达到的高度；敦煌莫高窟近五百个洞窟中的两千多尊彩塑雕像和大量的彩绘壁画又向世人显示了古人在雕塑和绘画方面所取得的成绩；还有青铜器、唐三彩、园林建筑、宫殿建筑，以及书法、诗歌、茶道、中医等物质与非物质文化遗产，它们无不向世人展示了中华五千年文化的灿烂与辉煌，展示了中国这一古老国度的魅力与绚烂。这是一份宝贵的遗产，值得我们每一位炎黄子孙珍视。

历史不会永远眷顾任何一个民族或一个国家，当世界进入近代之时，曾经一千多年雄踞世界发展高峰的古老中国，从巅峰跌落。1840年鸦片战争的炮声打破了清帝国"天朝上国"的迷梦，从此中国沦为被列强宰割的羔羊。一个个不平等条约的签订，不仅使中国大量的白银外流，更使中国的领土一步步被列强侵占，国库亏空，民不聊生。东方古国曾经拥有的辉煌，也随着西方列强坚船利炮的轰击而烟消云散，中国一步步堕入了半殖民地的深渊。不甘屈服的中国人民也由此开始了救国救民、富国图强的抗争之路。从洋务运动到维新变法，从太平天国到辛亥革命，从五四运动到中国共产党领导的新民主主义革命，中国人民屡败屡战，终于认识到了"只有社会主义才能救中国，只有社会主义才能发展中国"这一道理。中国共产党领导中国人民推倒三座大山，建立了新中国，从此饱受屈辱与蹂躏的中国人民站起来了。古老的中国焕发出新的生机与活力，摆脱了任人宰割与欺侮的历史，屹立于世界民族之林。每一位中华儿女应当了解中华民族数千年的文明史，也应当牢记鸦片战争以来一百多年民族屈辱的历史。

当我们步入全球化大潮的21世纪，信息技术革命迅猛发展，地区之间的交流壁垒被互联网之类的新兴交流工具所打破，世界的多元性展示在世人面前。世界上任何一个区域都不可避免地存在着两种以上文化的交汇与碰撞，但不可否认的是，近些年来，随着市场经济的大潮，西方文化扑面而来，有些人唯西方为时尚，把民族的传统丢在一边。大批年轻人甚至比西方人还热衷于圣诞节、情人节与洋快餐，对我国各民族的重大节日以及中国历史的基本知识却茫然无知，这是中华民族实现复兴大业中的重大忧患。

中国之所以为中国，中华民族之所以历数千年而不分离，根基就在于五千年来一脉相传的中华文明。如果丢弃了千百年来一脉相承的文化，任凭外来文化随意浸染，很难设想13亿中国人到哪里去寻找民族向心力和凝聚力。在推进社会主义现代化、实现民族复兴的伟大事业中，大力弘扬优秀的中华民族文化和民族精神，弘扬中华文化的爱国主义传统和民族自尊意识，在建设中国特色社会主义的进程中，构建具有中国特色的文化价值体系，光大中华民族的优秀传统文化是一件任重而道远的事业。

当前，我国进入了经济体制深刻变革、社会结构深刻变动、利益格局深刻调整、思想观念深刻变化的新的历史时期。面对新的历史任务和来自各方的新挑战，全党和全国人民都需要学习和把握社会主义核心价值体系，进一步形成全社会共同的理想信念和道德规范，打牢全党全国各族人民团结奋斗的思想道德基础，形成全民族奋发向上的精神力量，这是我们建设社会主义和谐社会的思想保证。中国社会科学院作为国家社会科学研究的机构，有责任为此作出贡献。我们在编写出版《中华文明史话》与《百年中国史话》的基础上，组织院内外各研究领域的专家，融合近年来的最新研究，编辑出版大型历史知识系列丛书——《中国史话》，其目的就在于为广大人民群众尤其是青少年提供一套较为完整、准确地介绍中国历史和传统文化的普及类系列丛书，从而使生活在信息时代的人们尤其是青少年能够了解自己祖先的历史，在东西南北文化的交流中由知己到知彼，善于取人之长补己之短，在中国与世界各国愈来愈深的文化交融中，保持自己的本色与特色，将中华民族自强不息、厚德载物的精神永远发扬下去。

《中国史话》系列丛书首批计200种，每种10万字左右，主要从政治、经济、文化、军事、哲学、艺术、科技、饮食、服饰、交通、建筑等各个方面介绍了从古至今数千年来中华文明发展和变迁的历史。这些历史不仅展现了中华五千年文化的辉煌，展现了先民的智慧与创造精神，而且展现了中国人民的不屈与抗争精神。我们衷心地希望这套普及历史知识的丛书对广大人民群众进一步了解中华民族的优秀文化传统，增强民族自尊心和自豪感发挥应有的作用，鼓舞广大人民群众特别是新一代的劳动者和建设者在建设中国特色社会主义的道路上不断阔步前进，为我们祖国美好的未来贡献更大的力量。

陈奎元

2011年4月

⊙朱乃诚

作者小传

1955年出生于上海市。现任中国社会科学院考古研究所信息中心主任、研究员,兼任《中国考古学年鉴》执行主编、中国社会科学院研究生院教授、中国社会科学院古代文明研究中心副秘书长暨专家委员会委员,2008年被推选为中国考古学会第五届理事会理事。曾在湖北、甘肃、青海等地进行考古调查与发掘。

在国内外发表学术论文100余篇,专著3部。研究专长:中国新石器时代考古研究、中国文明起源研究等。

目 录

壹 萌芽篇

一 金石学的开创与发展 …………………… 3
　1. 精诚所至　金石为开 …………………… 4
　2. 传颂千年的鲁壁书和汲冢书 …………… 6
　3. 石鼓文的奇遇 …………………………… 8
　4. 闪耀着光辉的河朔考古 ………………… 9
　5. 乾隆传旨　金石复兴 …………………… 11

二 金石学向考古学的转变 ………………… 14
　1. 神奇的甲骨文与神秘的商史 …………… 14
　2. 藏经洞藏着一门国际显学 ……………… 17
　3. 沙漠探险与流沙坠简问世 ……………… 19

贰 开创篇

一 史前遗存的发现和中国考古学的兴起 …… 25
　1. 一位地质学家的改行 …………………… 25
　2. 西阴村的召唤 …………………………… 28

1

3. 裴文中的佳运 …………………………………… 29
4. 东方明珠——城子崖 …………………………… 33
5. 举世瞩目的后岗三叠层和阳洼湾齐家文化
   墓葬的发掘 …………………………………… 36

二 光辉的历史考古开端 ………………………………… 40
1. 殷墟发掘Ⅰ：追寻迷人的甲骨文和夯土 ……… 40
2. 殷墟发掘Ⅱ：惊心动魄的王陵发掘 …………… 44
3. 西北科学考察团的业绩 ………………………… 47
4. 斗鸡台上的学问 ………………………………… 50

叁 发展篇（上）

一 早期人类化石追根 …………………………………… 55
1. 周口店遗址的继续发掘与研究 ………………… 55
2. 蓝田人的发现和研究 …………………………… 58
3. 泥河湾的疑案和元谋人的发现 ………………… 61
4. 早期智人的发现和旧石器时代晚期文化
   研究的新进展 ………………………………… 64

二 绿色革命探源 ………………………………………… 69
1. 庙底沟遗址发掘留印记 ………………………… 69
2. 意义深远的大汶口 ……………………………… 72
3. 石岭下的功绩 …………………………………… 73
4. 齿刃石镰之谜与八千年的尘埃 ………………… 75
5. 别开生面的河姆渡 ……………………………… 78

6. 彭头山上爆出大冷门 …………………… 81
7. 不甘寂寞的辽河 ………………………… 84
8. 华南的启示 ……………………………… 86
9. 最新的线索 ……………………………… 88

三 原始村落再现 ……………………………… 90
1. 半坡遗址树丰碑 ………………………… 90
2. 完整的姜寨村落址 ……………………… 92
3. 奇特的下王岗长屋 ……………………… 95

四 文明火花闪烁 ……………………………… 98
1. 五千年的历史性会面 …………………… 98
2. 良渚升起一颗启明星 …………………… 103
3. 巍巍城堡振雄风 ………………………… 108

肆 发展篇（下）

一 早商文化研究和夏文化探索 ……………… 117
1. 郑州二里冈的重要信息 ………………… 117
2. 享誉学界的二里头遗址 ………………… 120
3. 偃师有座商城 …………………………… 123
4. 晋南夏墟之梦 …………………………… 127

二 灿烂的殷都文明与方国文明 ……………… 131
1. 殷墟发掘Ⅲ：辉煌的宫殿址与王都布局 … 131
2. 殷墟发掘Ⅳ：独领风骚的妇好墓 ……… 134

3. 扼居要冲的盘龙城 …… 138
4. 难忘的三星堆 …… 140
5. 赣江秘史 …… 143

三 五彩缤纷的两周考古 …… 148
1. 捷报频传的周原考古 …… 149
2. 不灭的丰镐希望 …… 152
3. 琉璃河畔寻燕侯 …… 155
4. 晋侯墓地和虢国墓地上的风波 …… 158
5. 擂鼓墩地下乐宫的旋律 …… 162
6. 灵山下的一块引导石和中山国的一个秘密 …… 165
7. 发掘十年的秦公大墓 …… 167

四 争奇斗妍的历代都城考古 …… 170
1. 汉长安城的雄姿和秦咸阳宫的风采 …… 170
2. 几度兴衰的汉魏洛阳城 …… 175
3. 穿流沙寻邺城 …… 178
4. 魂牵梦绕隋唐长安城 …… 180
5. 北京城胡同里的文章 …… 183

五 宏伟的陵墓发掘 …… 187
1. 亘古之谜始皇陵 …… 187
2. 珍贵的地下书库 …… 191
3. 石室藏玉衣 …… 195
4. 宝贵的地下画廊 …… 199
5. 神秘的地下宫殿 …… 203

壹　萌芽篇

一　金石学的开创与发展

树碑立传，是中国纪念故人或重大历史事件的一种传统的方式，而由师生集资树碑纪念一位清贫的学者，却是十分稀罕的事。现今仍立于北京清华园内礼堂西侧的一块石碑，即是这种罕见的一个事例。那是1929年6月清华国学研究院师生集资为纪念已故两年的一位载誉海内外的国学大师所树的纪念碑。这位国学大师的知识产品像一座崔巍的楼阁，在几千年来的旧学的城垒上灿然放出了一段异样的光辉。他就是王国维。

王国维是我国近代历史学家和金石学家。他继承我国传统的经学之精华，并吸取了近代西方的治学方法，开创了古史研究中最有成效的"二重证据法"。早在1917年，他便通过对卜辞的研究首次考订了殷代的先公先王，使两千年前史圣司马迁对殷代王统的简略记载得到了验证，凿开了混沌的古史，成为我国新史学的开山。他的研究成果，促使国立中央研究院历史语言研究所考古组成立后，急切地对安阳殷墟开展大规模的考古发掘，由此中国考古学宣告诞生。他的学术业绩，实为我国一门古老的学科——金石学发展千余年的结晶。

1 精诚所至　金石为开

大约在宋仁宗嘉祐年间（1056～1063年），一位嗜好古器物的文人刘敞出任永兴军路的地方官（管辖今陕西大部和河南、山西、甘肃的一部分）。永兴军治所京兆府（今陕西西安）一带曾是周秦汉唐历代定都宝地，刘敞以居官之便，大量收藏古器物，尽兴把玩。同时，他也萌发了著录古器物以供后世好古博雅之人进一步研究的念头。他著录古器物不是采用传统的著书立说的方式，而是挑选了11件有铭铜器，模其文，图其像，刻之石，名为《先秦古器图碑》，以便永示千秋。然而刘敞的这块《先秦古器图碑》并没有传至千秋万代，连其拓本现今也无处寻觅。

刘敞所处的时代是一个好古的时代，上自宋朝朝廷，下至一般士大夫，都以收藏三代鼎彝为时尚，视游览名胜、访求碑刻为雅事。因此，钻研铜器石刻铭文的风气由此大开。同时由于墨拓术和印刷术空前发达，各种记录古代器物、碑刻，尤其是铭文的著作，竞相得到刊印，产生了20多部金石著作，如《考古图》、《博古图》、《集古录》、《啸堂集古录》、《历代钟鼎彝器款识法帖》、《隶释》、《宝刻丛编》、《泉志》等。其中1092年成书的吕大临的《考古图》一书，是我国现存年代最早又较有系统的古器物图录，对金石学开创之功最大,对金石学的发展有着深远的影响。

当年吕大临广泛搜集宫廷和私人收藏的古代铜器,尤其是商周铜器及部分玉器共230多件的资料,著成《考古图》一书的初衷,是不满于当时的执政者王安石推行革新变法,所以掇拾三代遗文旧制以行于世;同时也为了"探其制作之意,以补经传之阙亡,正诸儒之谬误"。然而他钻研古器物形成的一些方法,却成为金石学初期对金石研究的基本方法,为今人所赞叹。

吕大临研究古器物的方法是:先将器物按不同的形制分类,然后绘制器形图,摹写铭文,并附释文,标记器物大小、尺寸和容量、重量、出土地点、收藏处所,最后对器物作一定的考证和说明。这已是一套严谨的古器物研究方法。这套古器物研究方法和《考古图》的问世,为30年后一部集宋代所藏青铜器的大型皇家藏品图录《宣和博古图》的诞生,奠定了知识方面的基础。

与《考古图》著录的内容与风格不同,赵明诚的《金石录》主要是著录碑刻目录和研究心得的专著。赵明诚搜集研究金石,充满了趣闻与波折。早在年轻时代他就酷爱收藏金石,后来与女词人李清照结婚后,双双以从事金石、古器物等的搜集、整理和研究为乐趣。他们时常白天一起去市场上搜集碑帖,甚至脱衣典押也要购买,晚上又一起鉴赏研究碑帖。金石学培植了他们的夫妻感情,也迫使他们食不吃两样荤,衣不穿两件绸,头不戴珍珠翡翠,室不置涂金绣花之物,以便省下钱财搜集资料。经过十多年的努力,他们仿效宋代搜集石刻拓本的先行者欧阳修所著《集古录》的体例,终于初成《金石录》一书。《金石录》内容远较《集古录》广博,收集的先秦到北宋的石刻目录有1900余种,并且在碑刻目录下注明碑文的撰写人和书写人,以及立石的年月,另外还有研究心得502篇题跋,真可谓洋洋大观。后金兵来犯,他们来不及出版《金石录》就仓促举家南迁,几经流离失所。后来赵明诚又不幸感疾身亡,早年搜集的金石资料尽遭散失。但他们夫妻俩著成的《金石录》手稿,始终伴随在李清照身旁。数年后,李清照在临安(今浙江杭州)重新整理校定,将其出版问世。

传颂千年的鲁壁书和汲冢书

宋代的金石学,因立足于补经正史而得到了迅速发展。它不仅受到当时社会文人的青睐,而且备受500年后清代学者的推崇,后人惊讶于宋人治学的开拓精神。然而,宋代金石学家在研读金文碑拓之时,更渴望有如鲁壁书与汲冢书的发现,以便极大地推动和丰富对史学的研究。

鲁壁书与汲冢书是我国古代史学研究方面的两项重大发现。

早在汉代武帝时,封于鲁西南一带的鲁恭王为了扩建他的宫室,拆毁了孔子的部分故宅。在毁屋拆墙过程中，发现被拆毁的墙壁内藏有绝世宝物，即孔子后人为躲避秦始皇焚书之祸而秘藏的古籍，有《礼记》、《尚书》、《春秋》、《论语》、《孝经》等数十篇。当时全国的文字经秦始皇施行书同文法令后，先秦的文字早已不流行。鲁壁书的文字是极为稀罕的古文——"蝌蚪文"，因而鲁壁书成为当时探求文字字源、明其意义的重要资料。文人们将这些古文视如至宝，纷纷转抄研读。一个古文字学在汉代悄然兴起，直至东汉诞生了一位影响深远的古文字学家——许慎。许慎依据鲁壁书的文字，研读地下出土的先秦铜器的铭文，最终形成了古文字学研究巨著《说文解字》，为后世释读古文奠定了基础。

汲冢竹书的发现过程与鲁壁书不同，它是因盗墓出土而名扬天下。我国的盗墓之风古来有之。早在战国时期，社会上就有一批鸡鸣狗盗之徒，以盗掘古墓为生，战乱时期则更为猖獗。晋代建兴元年，政府曾收缴被盗掘的汉霸、杜二陵及薄太后陵的金玉珍宝等，以实内府。汲冢就是在这种风气下被盗墓贼染指。在280年前后，汲郡（今河南汲县一带）人不准在汲郡的战国魏王墓地一带盗掘了一座大墓，在墓中意外地获得了大量竹简文书。利令智昏的不准竟将这些宝贵的竹简书册用于引火照明，搜寻宝物。后来政府官员闻讯而收集了这批竹简，载之有10车，但许多已是残简断札，文字残缺。后经著名学者荀勖、和峤、卫恒、束晳等人的整理，保存下来的竹书还有16种75篇10余万字，尽是先秦古籍，有些还是失传的孤本，有

《纪年》、《穆天子传》、《易经》、《国语》等。这些竹书的内容，记录了许多已不为人所知的西周时期的重大历史事件，成为研究先秦历史的重要史料。

3　石鼓文的奇遇

> 体象卓然，殊今异古。
> 落落珠玉，飘飘缨组。
> 苍颉之嗣，小篆之祖。
> 以名称书，遗迹石鼓。

这是唐代学者张怀瓘对唐贞观年间发现于陕西凤翔一带的石鼓文的赞颂。

石鼓文是东周时期秦国记录狩猎事的碣形石刻，共有10个，因其形状似鼓，故称石鼓文。由于这些石鼓上的文字字形古朴，后世很少有人读通，所以人们长期将它置于野外，以致经千余年的风雨侵蚀，石鼓的外表不仅遭损，而且长满苔藓，犹似块块顽石，淹没在荒野深处。唐代文人发现它后，视为奇宝。他们利用南北朝时期已发明的墨拓术，竞相墨拓，使之流传于世，并研读其文，究字明义。大诗人韩愈还派人去实地考察，后又作长篇诗文《石鼓歌》，传为佳话。

经唐代众多文人的多方研究，他们大都认为石鼓文是研读西周古文字不可多得的实物。这一研究结果使早年身处荒野的石鼓文身价百倍。韩愈建议将石鼓文或置于太庙，或置于太学，供学子文人研究。后来凤翔陇节度使郑余庆将它们搬入凤翔孔子庙保存，供人一睹周代古文的风貌。

至社会动荡的五代，石鼓文又一次散失。宋代金石学家对石鼓文视若掌上明珠。政治家与历史学家司马光的父亲司马池任凤翔知府时，遍寻散失的石鼓文，最终将它们置于府学门庑下。后来宋徽宗又郑重其事地将10个石鼓迁入汴梁皇宫内的宣和殿陈列。金人入主中原后，也将它们视为传世之宝，逐一运往安全的北方，致使石鼓文结束了漂泊流离的命运，在北京一直保存至今。

唐人对石鼓文的研究开了一代先河。他们除了研究石鼓文的书法艺术、文学体裁风格外，还进行了有如现代对文物那样的研究，记录发现地点和实地考察过程，描述器物质地、形制、尺寸和数量，考释铭文内容，考订制作年代和器物名称等，俨然已粗具一套古器物研究流程，以至于现今有些考古学家因此将唐代视作我国金石学的开端。

闪耀着光辉的河朔考古

1345年，一位曾任元代翰林国史院编修官的汉化葛逻禄人（元代称为色目人）乃贤，毅然告别他长期居住的浙江鄞县，携带着行李，单人独马走出浙江，渡过淮河，直奔黄河两岸。他是因为有感于黄河一带史迹之丰富，去实地考察数千年以来在这片土地上的各种古迹古物、流风遗俗。他的这一举动，为衰落的元明金石学注入了一股使人振奋的活性剂。

　　实地考察古迹，是古代史学文人的一种发明。汉代太史公司马迁为撰写《史记》，就曾遍游黄河上下、大江南北，每到之处，探访古人遗风，记录古代史迹，因此他所著的《史记》成为千古赞誉不绝的中国第一部史学巨著。后来记录古迹的风气逐步兴盛，至东汉问世了第一部专记一方古迹的《越绝书》，而晋代的《华阳国志》、南朝的《三辅黄图》、北魏的《水经注》，以及唐代的《元和郡县图志》等，都因详记古代史迹而流传千古。

　　元代乃贤在考察中与以往史学家考察古迹不同，他特别注重对古代城郭、宫苑、寺观、陵墓、战场等遗迹的考察，同时还搜求石刻名碑。考察中，他以文献记载为线索，实地考察与求访群众相结合，获得了大量相当详细的古迹资料，并据此核验了一些文献记载的不足。他通常白天进行实地考察，晚间在小客栈里借油灯的微弱光亮，写下丰富的考察记录与心得体会。18年后，他终于将那些调查记录和心得体会编著成《河朔访古记》16卷（原书已佚，清代学者从《永乐大典》中辑出130多条）。

　　乃贤对古迹的实地调查十分详细，他不仅留意各种古迹的形状，而且还注意古迹上的各种文物，甚至连残砖断瓦上的纹饰也不放过。他对古迹的考察与记录，与现今考古调查的形式是那么的贴近。如果他在考察中，再对古迹遗址进行一些小小的发掘，那么中国考古学史几乎就要以他为鼻祖了。

乾隆传旨　金石复兴

1749年11月7日，清代的乾隆皇帝传下一道圣旨，他要以皇室之力，将秘藏于内府的古代青铜器等文物，精绘形模、备摹款识，仿效宋代《宣和博古图》的体例，编成《西清古鉴》一书。他的目的除了要将当朝所见的古代文物公之于世、传之于后外，还要以此展示他在复兴金石方面的伟人风度。

《宣和博古图》是宋徽宗敕撰、丞相王黼主持、黄伯思等人编纂的一部金石学巨著，它著录了我国第一个皇家博物馆——北宋皇宫宣和殿所藏商代至唐代的青铜器839件。徽宗好古物，当时私家收藏的三代秦汉青铜器无敢隐者，悉献于上，陈列于皇宫宣和殿中，所以《宣和博古图》一书是集宋代所藏青铜器的大成。该书不仅著录形象逼真的器物图，而且首次在图旁标明比例，同时还勾勒铭文，记录器物的大小尺寸、容量、重量等，有的还附有考证。该书是我国第一部青铜器集成，作者们对众多的青铜器进行了分类和定名研究。他们或以器物铭文中的自载其名，或以器物大小之差等的特征区别，定下了各种青铜器的名称，开创了青铜礼器定名研究的先河，并影响至今。《宣和博古图》是宋代金石学开创发展过程中最为辉煌的成果，成为金石学发展中的一个里程碑。

乾隆欲功盖于世。在5年多的时间里，他御纂的《西清古鉴》一书著录青铜器1529件。20多年后，他继续这一工程,将后得的青铜器等文物著录成《宁寿鉴古》、《西清续鉴甲编》和《西清续鉴乙编》。这4部书共著录青铜器等4100多件,其中1178件是有铭铜器,除商周青铜器外,还有铜镜、唐宋铜器和玺印等。但是,由于乾隆核定的编书班子中,擅长金石学的学者并不多,因此他们不仅在研究方法上无任何创新,而且著录的器物图像和铭文均经缩小而未附比例,同时对器物鉴别不精,杂入了相当数量的伪器,使后人不得不对其下大工夫,区分西清铜器与金文的真伪。尽管如此,这4部书收集资料的数量,远远胜过宋徽宗时的《宣和博古图》,为后世留下了弥足珍贵的遗产。

乾隆不曾料到,他当初的这道圣旨还打破了金石学自宋代以后长期停滞不前的沉闷状态,使"西清四鉴"成为推动金石学发展的强劲力量,并为对古籍和史料整理作出很大贡献的乾嘉学派的适时而生创造了条件。

乾嘉学派是清代乾隆、嘉庆年间,讲究训诂考据的学术派别。他们从校订经书扩大到史籍和诸子,从解释经义扩大到考究历史、地理、天文历法、音律和典章制度。这一学派是由明清之际的顾炎武开创先风,至乾嘉时期盛极一时。与经学互为表里的金石学也得到了空前发展,一大批鸿学硕儒乃至达官显宦从事于金石的搜集与研究。一个金石学的新天地形成了。他们不断拓宽金石研究范围,内容方面除铜器、碑刻、钱币、玺印外,还涉及砖瓦、封泥和画像石等;时限方面还包括宋、辽、金、元乃至明代。在这样一个时代环境里，钱大昕、阮元、程瑶田、孙星衍、王昶、刘喜海、吴式芬、陈介祺、吴大澂等一批精于鉴别、详于考订的金石学家脱颖而出。金石学著作如雨后春笋，频频问世。其中，程瑶田的《考工创物小记》，从出土实物出发，对照《考工记》的有关记载，探讨了古代车制和钟磬、戈戟等制度，研究中还绘图考证，测算精详，已不拘泥于对字义的解释。清末精于考证的吴大澂，不仅编著了收集千余件器物、图像和铭文拓本精良、考释独到的《恒轩所见所藏吉金录》2卷和《愙斋集古录》26卷等金石书，还根据出土器物的测算，考证古代度量衡的量值，写下了《权衡度量实验考》一书，同时在研究金石文字的基础上撰写了《说文古籀补》，第一次系统地订正了已影响近两千年之久的许慎《说文》的阙误，为金石文字研究开创了极为美好的前景，为后来孙诒让释读甲骨文扫清了障碍，奠定了基础。

金石学在乾嘉至清末的发展，已成为史学研究的一个重要内容，最后为王国维开创二重证治史方法准备了条件。一个新史学的胎儿已在金石学母腹之中，吸其营养，成形待生。

二　金石学向考古学的转变

金石学向考古学转化的因素是多方面的。其中发生于清末民初的三件大事具有直接的推动作用。那就是甲骨文的发现和甲骨学的兴起、敦煌藏经洞的发现与西方近代考古学的传入。

1. 神奇的甲骨文与神秘的商史

1901年，年仅36岁的罗振玉在他的儿女亲家、《老残游记》作者刘鹗家中，见到了一种被他称为奇宝的卜骨拓本。这些卜骨最初是由身为清国子监祭酒的王懿荣在1899年不惜重价搜集的，后转入刘鹗之手。罗振玉当时认为，这是汉代以来包括古文字学大师许慎在内的历代学者都不曾见过的古文字，于是怂恿刘鹗将其编书出版。罗振玉的这一慧眼识宝，不仅促成了《铁云藏龟》这部划时代著作的问世，而且也使自己成为甲骨学的开创者。

当年王懿荣重价搜集刻字甲骨，曾引起古董商和甲骨出土地安阳小屯一带农民的震动，而收录有1058

块甲骨的《铁云藏龟》一书在1903年的出版,则震惊四海,中外学者纷纷加入搜集甲骨、研读甲骨文的行列。搜集甲骨可以通过各种途径进行,但研究甲骨文则必须具备深厚的国学基础,尤其是研读古文字的功力。所以当时尽管众多中外学者普遍将甲骨文视为三代真古文,但是绝大多数搜集者对其文字照旧一字不识。开读甲骨文者,也就非孙诒让莫属了。

孙诒让是清末的经学家和古文字学家,著名的朴学大师,曾以27年之功,数易其稿,著《周礼正义》86卷,成为《周礼》研究的集大成者。他还开创了对不同时代的铭文作偏旁分析,借以追寻古文字发展规律的方法。当他晚年看到《铁云藏龟》所载的甲骨文时,将其视为奇迹,穷两月之功校读之,于1904年出版了论及甲骨文单字的《名原》一书,同时还写下了第一部专门考释甲骨文的名著《契文举例》2卷。他首次认识到甲骨文应是商代契书,如加以研究,可补商代史料之不足,并探寻古文字的流变。一个新的学科——甲骨学此时已在酝酿之中。然而这部著作迟至他谢世近10年后的1917年才由罗振玉刊行。

1917年以前,罗振玉对甲骨文的研究独领天时地利。1910年刘鹗在流放地新疆死后,其所藏的部分甲骨转入罗振玉之手。此前,罗振玉还收购了1904年小屯挖甲骨风潮所得的部分甲骨。至1910年,经罗振玉过目的甲骨已达数千。罗振玉经过3个月的闭门研究,首次读通了甲骨文,认识了二三百个单字,并于卜辞中发现18个殷帝王名谥。他曾于1908年获知甲骨文出自安阳小屯一带，于是确认小屯一带为殷之都城，甲骨文为殷室王朝之遗物，并据此写成了《殷商贞卜文字考》这部划时代的论著。他迅速将研究成果应用于刻辞甲骨的搜集，派人直奔小屯村收购甲骨，数量达2万，其中优异者3000余，随即着手清理墨拓，三五年内便出版了4部不朽之作，即《殷虚书契前编》(1912年)、《殷虚书契考释》(1914年)、《殷虚书契菁华》(1914年)和《殷虚书契后编》(1916年)。其中《殷虚书契考释》一书，是对《殷虚书契前编》中的甲骨文隶定后加以考释。该书所识甲骨文单字已逾500个，释读甲骨文记载千余条，开创了由许书以溯金文、由金文以窥书契这一研究甲骨文字的基本方法。

罗振玉搜集甲骨以及他那有关甲骨文著作的问世，为甲骨学的兴起奠定了基础。然而使甲骨文的史料价值得到举世公认，并使甲骨学真正成为一门独立的学科的，则是在王国维介入甲骨研究以后的事。

王国维接触甲骨文，是从1914年协助罗振玉校写《殷虚书契考释》开始的。罗振玉著《殷虚书契考释》一书时，已经根据卜辞对证出《史记·殷本纪》的大多数王号，但商殷世系的条理和《殷本纪》世系的证明，则有待于王国维的系统研究。王国维所作的研究，既将对照文献的范围，由《殷本纪》扩大到其他先秦文献，又将考证对象由商殷先王（成汤以后）扩大到先公（成汤以前），并且及于先王的世次及其继统。1917年，王国维发表《殷卜辞中所见先公先王考》和《续考》。这一研究成果，证实《史记》、《世本》等对殷先公先王的记载确系实录,使支离破碎的甲骨文成为揭开商代历史奥秘的最可靠的史料,成为据甲骨文的记载进行商代历史研究的第一人。

甲骨学和商史的大门被王国维同时撞开了,并吸引着一批有真知灼见的学者。后来郭沫若、董作宾、唐兰、于省吾、陈梦家、胡厚宣等纷纷从事这方面的研究。其中郭沫若在研究中运用马克思列宁主义学说,对新史学作出了卓越的贡献。

2 藏经洞藏着一门国际显学

1909年10月,《东方杂志》第6卷第10期发表了一篇震惊学术界的文章,那就是罗振玉于当年8月得知敦煌莫高窟发现珍藏经卷文书的密室,其中部分文物已被外域人窃去后所写的《敦煌石室书目及发现之原始》。他希望以此举促使腐败的清政府立即抢救这一古代典籍中内容最为丰富的发现,从而掀起抢救国宝的热潮。同时他有感于这一发现之重大,在短短的两个月内,收集和宣传敦煌文献,又著成了《莫高窟石室秘录》、《鸣沙山石室秘录》,揭开了后来成为一门国际显学——敦煌学研究的序幕。

敦煌地处河西走廊的西端,是古代中西交通的孔道,也是佛教东传的重要转播地。东晋前秦时,这里空前繁荣,已是"村坞相属,多有塔寺"。某日,一位佛教大师走至敦煌县城东南25公里处的三危山和鸣沙山下寻宿时,忽被夕阳斜射山体所产生的暗红色光芒所迷惑，以为千佛显灵，金光四射，便募钱在这里开凿石窟。从此这里便凿窟不止。至元代，这里已开凿出550多个石窟，其中莫高窟一处至今仍保存着前秦至元10个朝代的洞窟490多个、彩塑2100多尊、壁画45000多平方米，成为世界上现存最伟大的佛教艺术宝库。

对如此恢宏的敦煌艺术，早在清代雍正与嘉庆年间就已有学者进行过记录，并推崇备至。但是作为巨大的历史文化遗产，引起全世界的轰动并发展为一门国际显学——敦煌学的，则是因为莫高窟一所藏经密室的被发现。

1900年5月26日，莫高窟忽然发出雷霆般的轰鸣声，与此同时，第16号石窟甬道一侧的山体裂开一道缝。鹊巢鸠居的道士王圆录在裂缝处意外发现里面有一个密室，内堆满经卷、文书和织绣、画像等古代文物。原来这是11世纪初密封于此而未传于后的佛家之宝。经900多年的沧桑，石室中的每一件文书或法器都已成为绝世珍品。然而发现这个密室的王道士，既不学无术，又贪婪无厌，致使藏经洞的发现成为我国学术界的一段伤心史。

当时，王道士不识石室中所藏的稀世珍宝，信手拿出些赠送给敦煌县令等地方官员。1902年，对石刻研究有过重要贡献的金石学家、甘肃省学台叶昌炽得知此事后，建议将石室中的经卷文书等全部运到省城兰州保管。但当局却因运费难筹而令王道士就地封存。然而西方学者对此却虎视眈眈。1905年至1915年，沙俄的奥勃鲁切夫和奥登堡、英国的斯坦因、法国的伯希和、日本的桔瑞超等先后来到这里，以较少的银两买通王道士，骗去大量的经书、写本、画卷等。其中，斯坦因两次骗去约1万件，伯希和骗去5000余件。1923年，美国的华尔纳等人还盗剥壁画26大块，30多万平方厘米。

前后流失国外的敦煌文书有3万余件，而1910年清政府下令将剩余的敦煌文书运到北京，交送京师图书馆时竟不足1万件。我国学者极其珍视这批国宝，立即进行整理研究，罗振玉、王国维、王仁俊、李翊均等一批著名学者投身于敦煌文书的研究中，在短短的几年内，刊印了数部有关敦煌文书内容的著作，如《敦煌石室真迹录》、《敦煌石室遗书》、《鸣沙石室古籍丛书》等，发表了数十篇有关敦煌写本、敦煌文字、语言学、史地、法制及宗教方面的研究论著。后来王重民、刘复、向达等人还专程去英国和法国追访敦煌文书内容，进行研究，由此掀起了敦煌文书研究的热潮。1930年后，陈寅恪提出了敦煌学的命名。

敦煌莫高窟藏经洞45000多件敦煌文书的重新问世，其学术价值远胜于鲁壁书与汲冢书，它是20世纪初与甲骨文、流沙坠简齐名的三大发现之一。

3 沙漠探险与流沙坠简问世

流沙坠简是20世纪初发现于敦煌汉代烽燧遗址、罗布淖尔西北岸楼兰遗址和尼雅河畔尼雅遗址中木简文书的简称。它是揭开被流沙淹没千余年的汉代敦煌边塞屯戍和东汉至十六国时期鄯善国境内楼兰与尼雅河地区史地真相的最重要的文献。这批木简文书的发现，也是近代考古学早期传入中国的先声；而最初发现它们则缘于西方学者对我国西北荒漠地区的地理探险活动。

1890年，瑞典青年学者、探险家斯文赫定，在穿越塔克拉玛干大沙漠的探险时，意外地发现了位于罗布淖尔北岸的古楼兰遗址。他在楼兰遗址上采集了大量文物，其中有弓箭、玻璃杯、狮头纹碗碟、丝织品、毛织物、钱币等，以及大量汉文、佉卢文和其他民族文字的木简和纸片，从而第一次揭开了这个被湮埋千余年的沙漠宝库的秘密。

1906年后，英国考古学家斯坦因循着斯文赫定的足迹，先后两次来到这里，勘察了楼兰遗址的全貌，并进行了发掘，揭示了楼兰古城、官署、住宅、墓地等遗迹，获得了丝织品、雕刻品、生活用品等大量文物，并且再次获得大批汉文文书和佉卢文文书。在这之前，他还于1901年发掘了于阗附近的尼雅遗址和斯文赫定发现的丹丹乌里克寺院遗址。在尼雅遗址也发现了大批佉卢文文书。斯坦因继续东行，调查了鄯善国最初的王城——米兰遗址，并于1907年在敦煌一带发现了绵延数十公里的汉代烽燧遗址，再次获得大量木简文书。

此后，除他们之外，俄国、德国、日本、美国等以探宝为目的的考察队争先恐后地奔赴我国西北活动。

他们相继揭露出的遗址除尼雅、楼兰、米兰、汉代烽燧外，还有吐鲁番的高昌古城、交河古城、阿斯塔那墓群、吉木萨尔的北庭都护府城址，以及西夏到元代的黑城遗址等，获得了数以万计的珍贵文物，如汉晋简牍、高昌文书、汉唐丝织品等，其中桔瑞超还在楼兰遗址群内发现了晋代西域长史李柏写给西域某王的文书。有的外国考察家，甚至还劫取了克孜尔石窟、柏孜克里克石窟、库木吐喇石窟内的精美壁画。

祖国文化遗产大量流失和遭到破坏，在我国学术界引起了极大的震动，西方考察队的考察收获，已远远超越了传统金石学研究的范围而对金石学予以极大的冲击。但是，罗振玉、王国维等一批思想敏锐的金石学家适时地扩展其研究领域。当他们于1914年初在日本看到斯坦因第一、二次考察所获得的尼雅、楼兰、敦煌简牍文书资料时，以其坚实的金石学功力，对此进行了重新考释与研究，并用两个月的时间完成了一部划时代的著作——《流沙坠简》，开辟了我国西北简牍研究的先河，成为当时东西方西北史地研究权威。

20世纪初，金石学迈出了向考古学转变的步伐。以田野调查发掘为主的近代考古学在中国的诞生，也就成为那个时代学术发展的必然趋势。

贰 开创篇

一 史前遗存的发现和中国考古学的兴起

1919年,"五四"新文化运动席卷中华大地,为各种西方科学在中国的兴起和发展创造了条件。考古学也就在这以后逐渐在中国兴盛起来,并成为我国在20年代发展最快的三大学科(地质学、古生物学、考古学)之一。

1 一位地质学家的改行

1914年,北洋政府农商部为了寻找铁煤矿床,聘任了一位瑞典地质学家安特生为矿政顾问。1914年至1919年期间,安特生在地质学和古生物学方面几次成为科学界著名的发现者。然而,1921年以后,他却放弃地质学,开始了考古学生涯。

早在1918年至1921年间,安特生在中国野外调查采集哺乳动物化石时,就经常发现石器,并对石器表现出极大的兴趣。1920年,他将采集于北京、河北、山东、辽宁、内蒙古、山西、河南、陕西等地的许多石器，进行了初步的综合研究，发表了他的第一篇考古学论文。当年深秋，他派助手刘长山到河南渑池仰韶村寻找"龙骨"，当刘长山回到北京时，竟携来了600余件各式各样的磨制石器，而且都采集于仰韶村一地。安特生推测仰韶村一带可能有一个相当大的新石器时代遗址。

3个月后，安特生踏上了仰韶村的土地。他在这里除了发现石器外，还发现了色彩斑斓的彩陶片。经对地形地层的详细考察，他从没有移动过的文化层中获得了精致的石锛和另外一些重要物品，终于确信这里是一处丰富的史前遗存。

安特生自从在仰韶遗址上发现了曾使他迷惘了好一阵子的彩陶片之后，就与中国新石器时代的彩陶结下了不解之缘。1921年秋，在地质调查所所长丁文江的支持下，安特生正式开始了他的考古生涯，并偕奥地利学者师丹斯基、中国地质学者袁复礼等，对仰韶遗址进行正式的考古发掘。发掘探沟10多条，获得了划时代的科学成果，后来还在仰韶遗址附近发现了不召寨、秦王寨等多处新石器时代遗址，并且由此确认了1921年春发掘的辽宁锦西沙锅屯洞穴遗址的文化性质，当时他将它们一起命名为仰韶文化。

仰韶遗址的发掘，标志着田野考古在中国的开始。它是中国历史上首次确认的新石器时代遗址。它位于中国历史早期发展的中心之地，表现了先进的农业经济内容，与中国传说时代的记载有关，其中一些灰陶鼎、鬲形器等陶器，使人们看到了它与中国周代文化的联系（后来研究表明，这些灰陶鼎、鬲形器等属龙山文化时期）。所以，安特生称它为"中华远古文化"，并且立即引起了中外学者的关注。

安特生特别重视那些彩陶片。他将它们与位于中亚的安诺和特里波列文化的彩陶进行了比较，认为相隔万里的两地彩陶图案有相同之处，于是提出了彩陶从西向东传播的假说。这一假说在世界范围内引起了不小的震动，使得在19世纪提出、至当时已冷落的"中国文化西来说"的观点再度复活。安特生为了印证这一假说，从1923年春开始了长达一年半的甘肃、青海之行。

安特生在甘肃、青海的考察，最初发现的史前遗址或石器采集点，仅有西宁附近的十里堡和青海湖沿岸的数处，而较重要的仅贵德县罗汉堂一处。当他准备结束对西宁附近的调查时，他的助手却发现了面积庞大的朱家寨遗址。他们立即进行发掘，清理了40多座墓葬，获得了43具人骨和大量的随葬品，这是当时仅次于仰韶遗址的重要发现。后来又发现了著名的卡约遗址。

朱家寨遗址的发掘，是安特生彻底放弃地质工作，全力投入到中国史前考古的转折点。安特生及其助手们根据村民提供的线索，先后发现了甘肃临洮县灰嘴呱、辛店、马家窑、寺洼山，和政县半山，广河县齐家坪，民勤县沙井，青海民和县马厂塬等一大批遗址。

安特生的这些考古工作，成就了他一生中最大的荣誉。他曾以彩陶构筑了中国文化西来说的观点，但随着有关资料的积累对这一观点有所纠正。后来经过中国考古学家的工作实践和深入研究，将这一观点彻底澄清。安特生在中国的史前考古工作，开创了中国田野考古的先河，唤起了一批有志之士，去翻阅地下史书，追寻中国历史的源头。

西阴村的召唤

安特生对仰韶遗址的发掘，确立了中国近代考古学史上第一个考古学文化的命名，同时也推翻了中国无石器时代的假说。因此，当他于1923年公布了他对仰韶遗址发掘的研究成果后，在中国史学界立即引起了极大的关注。恰在此时，一位留学美国专攻人类学的青年学者李济，在哈佛大学毕业并获哲学博士后归国。他是我国第一位具有人类学和考古学知识的学者。1925年，一个偶然的机会，使他从人类学家转为考古学家，那就是山西夏县西阴村遗址的召唤。

现在看来，李济发掘西阴村遗址，是我国学术发展的必然结果。因为，一是安特生对仰韶彩陶来自中亚的分析结果受到李济等一批中国学者的怀疑，仰韶文化的来源尚需追究；二是仰韶遗址尽管有周代文化的传统，但是它与历史时期文化的关联尚待探讨明确；三是西阴村遗址距仰韶遗址很近，两地相隔不足100公里，对西阴村遗址的发掘有助于对仰韶遗址发掘结果的验证。然而，当时选择西阴村遗址进行考古发掘，又是十分偶然的事。

1926年2、3月间,李济去山西进行考古调查,同行的还有地质学家袁复礼。他们此行的目的是寻找含有彩陶的史前遗址,探索远古文化。这次考古调查,他们发现了3个含有彩陶的史前遗址,西阴村遗址便是其中最理想的一处。当年10月,李济与袁复礼再次来到西阴村,开始了中国学者自己主持的第一次考古发掘。

李济对西阴村遗址的发掘虽然规模不大,但发掘工作中的一些方法一直被延续使用至今。当年的发掘选择在遗址的断崖处,主要是出于对发掘中便于出土的考虑,共布置了2米长宽的8个探方。为了便于确定出土物在探方中的位置,他们发明了三点测量记录和层叠法记录探方中发现物的纵、横、深度的坐标和探方层位深度记号。这种科学的考古发掘出土物记录方法,在以后的考古发掘中被继承了下来。这次发掘前后共一个半月,出土了10万件碎陶片和不少的石器、骨器、兽骨等。使李济格外兴奋的是,这里也出土了大量的彩陶片。他经过研究并与甘肃彩陶、中亚彩陶进行比较后,认为目前还没有十分可靠的证据,可以断定在中国所发现的彩陶的确源于西方。李济的这一研究结果,实际上已动摇了安特生的中国彩陶西来的观点。

3 裴文中的佳运

1926年10月22日下午,安特生在中国地质调查所、北京自然历史学会和北京协和医院等学术团体联合举行的学术报告会上，宣布了一项惊人的消息，即奥地利古生物学家师丹斯基在瑞典乌普萨拉大学古生物研究室整理1921年秋和1923年秋对周口店发掘采集的化石时，从中发现了两枚人类牙齿。这一消息使周口店从此闻名中外。

周口店位于北京西南郊。1921年8月，当地一位老乡将安特生、师丹斯基和美国古生物学家葛兰阶引到一个已放弃的采石场，那儿有一条填满堆积物的裂隙，盛产"龙骨"，这就是后来变成考察人类历史的圣地之一的周口店第一地点——北京人之家。安特生在这里发现了一些带刃的脉石英片，由此预感到"我们祖先的遗骸就躺在这里，现在惟一的问题是去找到他"，这就是师丹斯基后来两次发掘周口店第一地点的初衷。事实上，安特生的预言在那两次发掘中已经实现了，只不过当初师丹斯基不敢将发现的两颗人类牙齿往人方面想，而是把它们当成类人猿的。因此那时的重大发现迟至1926年才被认识。

安特生的报告震动了会议大厅。当时两名著名学者对此重大发现的不同意见，直接或间接地促进了对周口店遗址的进一步发掘。一位是法国古生物学家德日进。他曾与桑志华一起发现了一枚河套人牙齿。他认为安特生报告中幻灯片上放映的这颗牙齿可能是"肉食兽"牙齿。另一位是加拿大解剖学家步达生，他是后来全面研究北京猿人化石的第一位学者。他认为具有完整而确实的地质资料的古老人类化石已经在亚洲大陆的喜马拉雅山以北首次发现，早期人类曾在亚洲东部的存在已经不再是一种猜测了。

1927年4月开始由步达生主持进行系统发掘周口店遗址的计划。对周口店第一地点堆积物的系统发掘进行了几十年，尚有一半堆积物保留在那里。1927年的首次系统发掘，清理堆积物3000立方米，获得化石材料500箱，并且在当年师丹斯基发现第一颗人牙的附近又发现一颗完好的人牙化石。经步达生研究，给人牙建立了新属新种。

1928年，留学德国专攻古生物学并获哲学博士学位归来的杨钟健主持周口店的发掘。由北京大学地质学系毕业不久的裴文中也求职来到这里。这一年，裴文中清理堆积物2800立方米，除获得大量动物化石外，还发现了两件北京人下颌骨，其中一件下颌骨上还保存了三颗完整的臼齿，为刚建立起来的"中国猿人北京种"这个新属增添了更加充分的证据。然而，这仅仅是裴文中佳运的开始。

1929年是裴文中学术生涯中最重要的一年，也是周口店遗址轰动世界的一年。周口店遗址经过两年的发掘，已展现出诱人的研究前景。丁文江、翁文灏、步达生等人开始考虑长期发掘研究周口店，并且扩大研究范围的计划，决定成立一个隶属于中国地质调查所的特别部门——新生代研究室，来实现这一研究计划。这一机构的成立，开拓了中国新生代研究的新局面。原先负责周口店发掘的李捷、步林、杨钟健等人开始了范围更为广阔的考察。年仅25岁的裴文中则开始负责起周口店遗址的发掘。12月2日下午4时许，裴文中准备结束当年的周口店发掘工作时，在一个仅容三四人的小小空隙里（后被称为猿人洞）竟发现了一个完整的北京人头盖骨。与此同时，德日进和杨钟健公布了周口店第一地点的地质年代明显地属于更新世这一研究成果；并将堆积物自上而下划分出10个层，首次为周口店研究以至华北的第四纪地质学的研究打下了坚实的基础。他们证明了裴文中发现的第一个北京人头盖骨的地质年代是多么的古老。

裴文中发现北京人头盖骨的消息，像一声春雷震撼了学术界。随后他又于1930年发现了北京人用火的遗迹，于1931年正式提出并解决了北京人制作石器工具的问题，进一步确立了直立人在人类进化序列中的地位，使周口店遗址在科学研究上的重要地位又提到了一个新的高度。1932年，他又改革发掘方法，将以往的那种平地下刨的漫掘作业，改成以探沟和探方发掘、记录出土物的考古发掘方法。他还于1933年发现了比北京人年代更早的周口店第13地点和属旧石器时代晚期的山顶洞人及其葬地。裴文中于1934年携带这些成果留学法国，师从著名的旧石器考古大师步日耶，1937年获博士学位回国。

1935年后，周口店的发掘由贾兰坡主持。他于1936年10~11月，连续发现了3个保存完好的北京人头盖骨，经接替步达生之职的美国人类学家魏敦瑞研究后，再次引起学术界的轰动。

周口店遗址的发掘至1937年日本发动侵华战争而

被迫中断。经10年的发掘，周口店已成为世界上直立人遗址中工作做得最多、发现内容最丰富的一处。北京人的发现，使达尔文早在1871年推论的人类是由某种古猿进化来的观点得到了证实而为世人公认，从而结束了自古以来人类对自身是从哪里来的这一问题长期争论不休的论战，最终确立了"直立人"在人类进化史上的地位。

令人痛心的是，当时由北京协和医院几个美国人保管的北京人和山顶洞人化石，以及周口店发现的其他珍贵资料，在1941年12月17日珍珠港事件爆发前后，被弄得下落不明。古人类研究史上这一最沉痛的事件，与北京人的发现一样震撼着世界，为人类起源问题研究留下了许多不解之谜。

东方明珠——城子崖

1930年，中国上古史的研究发生了一次极为重要的转折，其原因是由于历史语言研究所考古组在安阳殷墟以东的山东章丘县龙山镇城子崖发现了一种以黑陶为特征的史前文化。后来这种文化被称为龙山文化。

对城子崖遗址进行发掘的动机，是为了在以彩陶为特征的仰韶文化区域以外探寻一种比殷墟文化的年代更早的东方遗存。而最初去山东进行考古工作的目的，则是想了解殷墟文化向东的分布情况；城子崖遗址的发现，实际上是那个工作目的下的副产品。然而这个副产品在中国考古学史上犹似一颗闪耀着光亮的东方明珠。

1928年春,一位在清华研究院师从李济的学生吴金鼎,赴山东考察位于济南以东的历城县汉平陵故城址时,意外地发现了城子崖遗址。后来他5次来此考察,并在遗址上发现了石器、骨器与一种外表油光的黑陶片。这种油光黑陶片在仰韶文化中是从来没有见过的。

1930年,发掘殷墟的考古学家们因为与河南省的有关方面发生龃龉而暂时中断工作,转到山东进行考古考察。他们在临淄一带发现了许多先秦遗址遗物以及和城子崖遗址上相似的黑陶遗存。李济选择城子崖遗址进行短暂的发掘,以便随时转入殷墟的发掘工作。1931年秋,梁思永和吴金鼎再次来到这里发掘,最终确定了城子崖遗址发掘的重大意义。

1930年秋和1931秋的两次发掘,发掘探沟探方约100个,面积约15600平方米,清理出两个文化层。上层为东周时期堆积。下层的遗物是发掘者从未见过的,尤其是造型新颖的袋足鬹、高柄豆、三足盘、鬼脸式鼎足等东方式陶器,更使他们大开眼界,首次看到了极富创造力的东方史前文化遗存。这种文化遗存不是以彩陶表现色彩斑斓的原始艺术,而是以单调的黑、灰色陶器的造型艺术表现了一个五彩缤纷的世界。这个五彩缤纷的世界与殷墟文化有着密切的联系,其中最引人注目的是夯土城墙和别具一格的蛋壳黑陶。

当时发现的夯土城墙实际上并不是龙山文化时期的,20世纪90年代证实属距今3700年前后的岳石文化。但这是当时中国考古发掘中首次辨识的夯土,并且还认识了版筑城墙。这一发现不仅确认了城子崖遗址上有一座城(90年代的发掘表明这里有3座城,分别建于周代、岳石文化和龙山文化时期),而且使他们意识到以前在殷墟发掘中的一个错误,解开了殷墟发掘中误解为洪水淤积层的奥秘。因此,城子崖夯土层的发现,实际上是殷墟遗址宫殿宗庙址重大发现的前奏曲,在中国田野考古发掘中具有划时代的意义。

城子崖遗址中的蛋壳黑陶,当时称为漆光黑陶,以其器表油亮鉴人、胎壁极薄似蛋壳而著称。发掘者由此看到,在我国的东方存在着一个有别于仰韶文化而又高度发达的史前文化。他们还结合这里出土的卜骨等现象推测,殷墟文化更多的是吸收了东方文化而发展起来的。

城子崖遗址发掘确立的龙山文化,为中国上古史的研究创造了一个新的环境。由于它是由中国考古学家首次发现的一种新石器时代文化,所以直接诞生了龙山文化与仰韶文化东西对立发展的学术观点。这个学术观点为夷夏东西说提供了证据。同时,它还开拓了我国东方濒临海洋一面这一广大地区的史前文化研究的视野。随后,在我国东部地区又发现了一大批龙山期文化遗存,其中位于杭州湾一侧的著名的良渚遗址群,就是在城子崖遗址发掘成果影响下发现的。

中国考古学家们决定将城子崖遗址发掘报告作为中国田野考古报告集的首卷,以示中国考古学在上溯中国文化的原始、下释商周历史形成中的巨大作用。

梁思永为这本发掘报告的编写倾尽心血,设定了科学而又缜密的编写体例,开创了中国田野考古发掘报告写作体例的先河。

5 举世瞩目的后岗三叠层和阳洼湾齐家文化墓葬的发掘

在考古学研究中,研究方法的改进或创新往往引起研究课题的重大突破,导致学科的发展,这在中国考古学的开创时期表现得尤为明显。后岗三叠层的发现和阳洼湾齐家文化墓葬的发掘,就是这方面极为生动的两个例子。

1930年,中国第二位赴美国哈佛大学学习考古学和人类学并获硕士学位的梁思永回国。他是中国近代政治家与思想家梁启超的次子。他回国参与历史语言研究所考古组的工作后,创造性地运用近代考古学方法,使中国的田野考古发掘水平顿时改观,而使他声名鹊起的则是安阳后岗三叠层的发现。

在后岗发掘之前,中国田野考古发掘方法大体是李济在发掘西阴村遗址时开创的那种探沟、探方发掘方式,它比安特生发掘仰韶遗址时的发掘方式前进了一大步,尤其是他发明的纵、横、深三点记录出土物的方法沿用至今。但在发掘过程中仍按水平层位深度下挖,并记录归纳出土物,这样容易混淆不同自然层位内包含物的年代。梁思永发掘后岗,开创了按自然层位下挖、记录出土物的方法。它不仅使成片布方发掘成为可能，而且可以准确地区分出存在于由下而上各种自然地层中遗物的年代早晚关系。这在世界范围内也属先进的发掘方法。

1931年春，梁思永第一次来殷墟浏览遗址路过后岗时，地面上散布的许多破碎陶片引起了他的注意。当4月份扩大殷墟发掘范围时，梁思永首先选择了后岗一带。第一次发掘了216平方米，除首次发现了龙山文化的白灰面遗迹外，还发现了小屯与龙山文化年代关系的线索。小屯、龙山与仰韶文化关系的问题，是后岗发掘之前、城子崖第一次发掘之后的重大学术问题。在后岗遗址发现了与城子崖遗址相似的龙山文化陶器残件，引起了梁思永的极大兴趣，他决定对城子崖遗址进行第二次发掘，以便确认在殷墟发现的龙山文化遗存是否与城子崖的相同，并且进一步确认城子崖黑陶遗存的文化面貌和文化性质。随后他于1931年冬，胸有成竹地对后岗遗址进行了第二次发掘。这次发掘了385平方米。他在这里首次弄清楚了仰韶文化层在下、龙山文化层居中、小屯殷墟文化层在上的3个依次叠压的地层关系，一举确定了殷墟文化、龙山文化与仰韶文化的年代关系。这是他按照地层自然堆积进行发掘获得的一个划时代的成果。

梁思永发现的后岗三叠层，为中国新石器时代考古的年代学研究奠定了基础，他的《小屯、龙山与仰韶》一文，成为当时名声最大的考古学论文。后来，刘燿、吴金鼎依据发掘后岗三叠层的经验，在殷墟和浚县大赉店等遗址上，又多次发现了小屯、龙山和仰韶文化上下叠压的地层关系，再次证实了梁思永的功绩。

考古层位学方法在中国考古学研究中的首次运用，就展示出巨大的威力和作用，使中国考古学在它开创时期即已跨入了先进的行列。后来，夏鼐灵活运用考古层位学方法，巧妙地改订了被安特生错置的仰韶文化与齐家文化的年代早晚关系。

夏鼐曾于1935~1939年留学英国伦敦大学并获博士学位。1944、1945年，他参加历史语言研究所和其他单位合组的西北科学考察团。致力于甘肃考古工作期间，他希望在当年安特生工作过的遗址上发现齐家文化的墓葬。齐家文化是安特生于1924年在甘肃广河县（原宁定县）齐家坪遗址上首次发现而命名的。当时仅发现居住址，安特生将它作为仰韶文化六期中年代最早的一期，称为齐家期，而仰韶期则居其后。

1945年5月，夏鼐在调查广河县阳洼湾遗址时，偶然在梯田中发现了一些齐家文化的陶器碎片，而后又在其上的梯田侧壁上发现了出露在外的人头骨。这一现象使夏鼐预感到这里可能有齐家文化的墓葬。于是，他立即对其进行了小规模的试掘。结果发现了两座墓葬，墓中人骨架保存完好，分别随葬四五件齐家文化陶器。这是我国首次发现的齐家文化墓葬。夏鼐在发掘这两座墓时，充分展示了他所掌握的科学的田野发掘方法。因此，在一座墓葬中接近人骨部位的两块极为破碎的彩陶片，被他当做极为重要的考古资料记录在案。

一些人大概不会想到，夏鼐就依据这小小的试掘收获，一举改变了学术上一个20多年的悬案。他认为这两座墓葬自埋葬后未被后人扰乱过，墓中的两块碎小彩陶片，是在埋葬该墓、回填土的时候被混入到墓坑中的。由此表明，这两块碎陶片的年代早于墓葬。墓葬属齐家文化，两块碎陶片的文化特征则属于甘肃仰韶文化（现称马家窑文化），所以甘肃仰韶文化的年代自然也就早于齐家文化。这是他灵活运用考古层位学原理的结果。

安特生所定的齐家文化早于仰韶文化的年代关系，曾受到我国许多学者的怀疑，其中刘燿早在1937年就指出了安特生分析上的逻辑性错误，认为不能将齐家期置于仰韶期之前，但一直没有获得确凿的证据。夏鼐对阳洼湾齐家文化墓葬的发掘及其研究成果，纠正了安特生当年的错误，为建立黄河流域新石器时代文化的正确的年代序列打下了基础。

二 光辉的历史考古开端

1928年，学贯东西、极富新思想的傅斯年创建了历史语言研究所并在所里设立考古组，聘任年轻的学者李济为这个组的主任。不久，北平研究院史学研究会（所）也设立了考古组。这些机构为解决中国上古史，尤其是商周历史问题开展了大量的工作，极大地推动了中国史学的发展，其中尤以轰动国际学术界的对殷墟的发掘和研究、对西北地区的科学考察，以及对陕西周秦古迹的调查和斗鸡台墓地的发掘等项，影响最大。

1 殷墟发掘Ⅰ：追寻迷人的甲骨文和夯土

1928年8月，一位年轻的学者奉傅斯年之命，对殷墟做了一次实地调查，看看这里还有无可能发掘出甲骨文来。他就是后来以研究甲骨文闻名的董作宾。

在殷墟遗址上寻找甲骨文，是历史语言研究所考古组最初工作的主要动机，也是一些金石学家及新一代学者多年的愿望。甲骨学和商史研究的大门自从被王国维撞开之后,就成为当时史学研究中的一个热点课题。甲骨文也因此而身价百倍,一股以伪刻甲骨文谋利的风气随之盛行了起来,给甲骨文和商史研究带来了极大的困难。所以,一些学者遂萌生了亲自到殷墟上寻找甲骨文真品的欲望。

曾任1922年成立的北京大学研究所国学门考古学研究室主任的金石学家马衡,就多次动议于蔡元培校长,要求发掘安阳殷墟。然而罗振玉、王国维等金石学家则认为,甲骨文自发现以来的近30年中,殷墟几经盗掘,埋藏于地下的甲骨恐怕已罄竭。甲骨学与商史研究刚兴起就濒临衰微的危险。

董作宾不虚此行。他从当地人口中获得了大量有关以往盗掘甲骨的情况,并且实地勘察了盗掘甲骨的地点,尤其是在田地里还捡到了一片无字甲骨。这些收获使他预感到,殷墟地下尚有大批甲骨文正等待着他。

1928年10月7日至31日,是董作宾一生中十分重要的日子。这期间他开始了考古生涯,开始了历史语言研究所考古组的田野考古发掘工作。他在小屯村的第一次发掘分3个地点布40个探方,发掘了280平方米。这次发掘使他从地下获得了854片甲骨文。

然而董作宾并未经过田野考古的专门训练,他对殷墟的首次发掘,因只顾寻找甲骨,而忽视了地层和其他遗物,曾经受到郭沫若的严肃批评。后来请当时我国唯一具有考古学知识的学者李济来主持殷墟的考古发掘。

李济主持的殷墟第二、第三次发掘仍然属于试掘，目的是了解遗址的地层堆积情况，尤其是包括有甲骨而又未经扰乱过的堆积特征。发掘以探沟的形式进行。其中第三次发掘，在局部地段因不断扩方而形成了"大连坑"，并在"大连坑"底部发现了一个大窖穴，其内出土了轰动一时的大龟四版和各种陶器、陶范、石工具、青铜工具，以及象牙雕刻品、牛头鹿头刻辞等。这两次发掘共出土甲骨文3700多片，并且开始明确殷墟的范围实际超出小屯村以外。由于经验不足，李济对地层中出现的一层不含器物、质地纯正的堆积层百思不得其解，最终一股脑儿地沿用董作宾的说法，将这种堆积层统称为洪水淤积层。

1931年春对殷墟的第四次发掘，是中国田野考古发掘史上的转折点。那时，李济等人由于发掘山东章丘城子崖遗址，而醒悟到殷墟中的洪水淤积层与城子崖夯土墙的地层有着惊人的相似。当时有一位经过严格训练的考古学家梁思永，带着一套先进的考古发掘方法加入了殷墟的发掘。于是，李济决定采用大面积揭露方式寻找洪水淤积层。

一个困扰殷墟发掘近3年、在史学界造成极大影响的殷墟曾被洪水多次淹没的说法被澄清了。原来所谓洪水淤积层是殷代建筑基址的夯土层。这一发现不仅使殷墟为商代后期的都城增加了一条确凿的证据，而且充实了最初对殷墟发掘的目的。从此，成片地揭露殷代夯土基址，寻找、复原殷代宫殿、宗庙建筑，成为与发掘寻找甲骨文同等重要的任务，并且掀起了一股寻找夯土的发掘热潮。其中在第六次发掘揭露的一座 30 米长、10 米宽的基址上，有排列整齐的柱础石，这使考古学家们恍然悟出以往发现于夯土台上的石块的作用，纷纷按柱础石位置排列成行，摄影留作纪念。

1928 年秋至 1937 年夏，殷墟 15 次发掘的三大成果，分别是宫殿宗庙建筑基址、甲骨档案库和王陵区墓葬。其中对宫殿宗庙建筑基址的发掘，历时最长，占了 9 次，即第 4 至第 9 次、第 13 至第 15 次。这 9 次发掘的地点近 10 处，其中以小屯宫殿区为主，发掘了 20000 多平方米，揭露出由北而南三大片、50 多座建筑群基址。其中北片 15 座，称为甲组，是以寝殿和享宴为主的居住使用的建筑。甲组中的 11 号基址，南北长 46 米许，东西宽 10.7 米，面积约 500 平方米，上面除发现有石柱础外，还有铜柱础。南片发掘了 17 座，称为丙组，主要为居住与祭祀类建筑。居中一片称为乙组，有 21 座基址，大都面积较大，但被洹河破坏不少，为宗庙建筑和铸铜场所；其中乙 8 号基址，南北长 85 米，东西宽 14.5 米，面积达 1200 多平方米。在乙组建筑基址群旁，还有大量的小墓和车马坑，大都为当时的祭祀遗迹。

殷墟 15 次发掘的另一项重大成果是第 13 次发掘所获的 H127 地下甲骨档案库的问世。

1936 年 6 月 12 日挖掘者在 H127 号坑中发现了许多龟板，并且在一个半小时内从半立方米的土中清理出3670块甲骨,这些甲骨大都属龟板,排列紧凑而不乱。负责发掘的王湘马上意识到这是不同寻常的坑,不能以普通的方法来处理这一特殊的现象,但在田野中又不能做长时间的仔细清理,于是萌发了将整个甲骨坑搬回南京研究所本部的打算。主持第13次发掘的石璋如等人用了4昼夜的时间,将H127坑连土带甲骨一起套上一个大木箱运到了南京。此举开创了我国田野考古发掘中套箱获取不易清理的珍贵文物的方法,并且一直沿用至今。

殷墟15次发掘共出土刻辞甲骨24900多片,仅H127一坑中的刻辞甲骨就达17096片,其中完整的刻字龟甲有300多版,大多数字甲还存有原来用朱色书写的痕迹,大大丰富了甲骨学与殷代史籍的资料,成就了殷墟15次发掘的伟绩。

殷墟发掘Ⅱ:惊心动魄的王陵发掘

在轰动世界的殷墟15次发掘中,对殷代王陵墓区的发掘是规模最大的3次,那就是1934年秋至1935年冬的第10至第12次发掘。

第10次发掘是梁思永第一次主持殷墟发掘工作。原计划在小屯一带继续寻找建筑基址,不料却传来一个盗墓的消息。一批非法猎宝者在殷墟发掘的空闲时间盗挖遗址,尤其是墓葬,盗宝的对象由以前的甲骨文扩大到青铜器。1933年,侯家庄一带被盗出大量青铜器等文物珍品。梁思永于1934年10月初得知此事后，当即中断小屯的发掘计划，集中力量调查侯家庄一带是否真有墓地。这个决策揭开了殷代王陵区发掘的序幕。

在殷墟前9次发掘中，于小屯等地已发现成批墓葬，但都是些小墓与祭祀坑，唯独第8次的发掘，在后岗发现了一座带两条墓道的大墓。在后岗发掘的本意是追寻以往发现的一段属龙山文化的夯土围墙。然而在发掘中却遇上了一块夯土。对于这种夯土的结构与作用，自殷墟第4次发掘以来，发掘者一直认为那无非是建筑基址。但在后岗发现的夯土情况并不相同：越挖越深，夯土四边则越深越小，直到将7米多厚的夯土层全部揭去，才弄清楚这原来是一座大墓。这座大墓虽然已经被盗，但在大墓四隅发现有殉葬的人头28个，这是殷墟首次发现的殉人现象。尤为重要的是，通过对此墓的发掘，考古学家们了解到夯土的另一种作用，即在营建大墓时通常夯实墓中填土。

1934年10月3日，殷墟第10次发掘——西北岗王陵区发掘开始了。发掘者带着在后岗获得的经验，3个月发掘了3000多平方米。事先他们按一条大致南北向的大道将王陵区分为东西两区，发掘结果似乎印证了这一区分。在西区发现了4座大墓，虽没有发掘到墓室，但已看到了被盗掘的盗洞。大墓填土中出土了精制的刻纹石块、白陶器皿等，由此肯定了这里是殷商王朝最有权势者的一组王室墓葬。东区发现了63座祭祀性质的小墓，发掘了其中的31座，出土了许多保存完好的青铜器。

王陵区首次发掘的收获，为梁思永大展宏图提供了舞台。他进一步扩大发掘规模。夏鼐作为前往英国留学前的考古实习生也参加了这次具有历史意义的发掘。王陵区第2次发掘了8000多平方米。结果在西区清理了上次发现的4座大墓，在东区清理了411座小墓及车坑、马坑等。

西北岗王陵区两次大规模的发掘，在当地造成了极大影响，所以当1935年秋第3次发掘王陵区时，远近村民纷纷前来应聘当发掘工人。这次发掘用工人500多人，是我国迄今为止考古发掘史上雇工最多的一次。这次发掘面积近1万平方米，在西区又清理了4座大墓，在东区发掘了3座大墓和785座小墓。

西北岗王陵区的3次大规模发掘，基本上揭开了王陵区的面貌。共揭露清理大墓11座和因祭祀王陵而牺牲的小墓或祭祀坑1200多座，第一次展示了殷王的埋葬制度。11座大墓的规模都十分浩大，其中8座有4条墓道，2座有2条墓道，另一座为未完工者。其中M1004号墓是长方形竖穴带4条墓道的大墓，南北墓道分别长31米许和14米许，墓室口大底小，口长近18米、宽近16米，墓深12.2米。整个墓室口部的面积为284平方米许，仅墓坑内的回填夯土就达2000多立方米。在墓室内用长木条铺叠成"亚"字形木椁，椁室四壁涂漆并雕刻镶嵌花纹，十分豪华。

这些大墓都被多次盗掘，即使被盗墓者遗弃后混入回填土中的文物,或被遗忘在角落中的文物,仍属殷墟15次发掘中的精品。其中在M1004号墓中被盗墓者遗漏的一角内,就出土了重110公斤和60公斤的两件大型青铜方鼎(即著名的牛鼎和鹿鼎)、100多个铜盔、370把铜戈、360多个铜矛头,以及精制的车饰、皮甲及盾、石磬、碧玉棒等。这些大墓和部分幸存物,以及众多的祭祀墓坑,十分形象地表现了殷王葬制的奢侈、豪华和残酷的杀殉制度。

3 西北科学考察团的业绩

西北科学考察,是二三十年代与周口店和殷墟考古发掘一样轰动世界的考古活动。然而与周口店、殷墟发掘的组织形式不同,我国对西北科学的考察不是以政府机构出面进行,而是由我国学术团体自发组织,主动与瑞典学者斯文赫定合作的结果。

自从19世纪末20世纪初斯文赫定等人揭开了我国西北沙漠宝库的面纱之后,西北这一沟通中西文化交流的地带遂成为中外学者向往的宝地。1926年末,斯文赫定率领一支庞大的考察队第4次来到中国,准备对西北地区进行考古、地质、气象等方面的综合考察,企图重温他那前3次肆意劫夺中国宝物的旧梦。然而此时的中国,经过五四运动的洗礼、又值北伐节节胜利之时,中国学术界再也不能容忍这种丧权辱国的事件重演。于是一场反对瑞典远征队采集古物的活动,在北京学术界轰轰烈烈地展开了。与斯文赫定谈判争取西北考察主动权的中国学术团体协会便应运而生，经协会代表、语言学家刘复与斯文赫定多次会谈，终于组成了以我国学术团体为主、由斯文赫定提供经费的"中国西北科学考察团"。它是我国第一个利用外资、又将考察等主动权控制在中国学术团体手里的科学考察团。

西北科学考察团是历来赴我国西北考察规模最庞大的一支队伍。首批成员有28人，其中中国成员10名，另有3名采集员，由年仅39岁的北京大学教务长徐旭生出任中方团长，瑞方团长由斯文赫定担任。他们自1927年5月在内蒙古百灵庙会合后，招聘了20多名蒙、汉族工人，购买骆驼近300匹，带着帐篷、器材、家具、书籍、干粮及38个氧气瓶、8箱共24000银元，分南、北、中3队向新疆乌鲁木齐边走边考察。经过10个月的长途跋涉、艰难考察，他们于1928年三四月份到达新疆乌鲁木齐，然后以两人一组散布在新疆各处进行各种科学考察。

历尽艰辛的献身精神，使他们在气象、地理、古生物、考古等学科方面获得了空前的收获：发现了包括包头附近白云鄂博在内的许多处矿藏和轰动世界的奇台天山龙等大量古爬行动物化石；采集了4000多号植物标本；测绘了详密的地理图，证实罗布泊是一交替湖，结束了长达40多年的有关罗布泊的位置之争；第一次设置了气象台站；等等。其中考古学方面的收获是历来对西北考察最丰富的一次，开辟了新疆考古新天地。

他们在内蒙古百灵庙至新疆沿途的320多个地点采集了100多箱新石器时代遗物，这些遗物迄今为止仍然是了解这一地区史前文化分布情况的唯一宝贵资料。在对额济纳河流域汉代张掖郡居延、肩水两个都尉所辖烽燧遗址的考察中，发现大小城堡10余处、烽火台100多处，采掘到10000多支木简（即轰动世界的居延汉简）。这批汉简的内容有当时边塞屯戍的文书档案、书籍、历谱和私人信札，为研究汉代历史提供了极为宝贵的文献资料。同时还发现了保持当时簿册原状、表现汉代简册真实情况的"永元兵器簿"和十分难得的"居延笔"。

黄文弼是我国第一位进入新疆的考古学家。他以其瘦弱的身躯直穿被称为死亡之海的塔克拉玛干大沙漠，并且绕塔里木盆地一周，考察了汉唐时代的各种城堡、寺庙、沟渠和屯戍遗址，提出了在塔克拉玛干沙漠南缘有一条已干涸的西东方向河道的看法，这对该地区诸古国的兴衰和丝绸之路等的研究有着重要意义。他对罗布淖尔北岸汉代烽燧遗址的发掘，成为我国学者在新疆进行考古发掘的首批记录。后来他又多次赴新疆进行考古调查与发掘，成为西北史地和新疆考古研究的权威。此外，袁复礼还考察了吉木萨尔附近的唐代北庭都护府遗址，瑞典考古学家贝格曼则勘察发掘了黑城遗址等。

西北科学考察团的科学活动，不仅使我国西北荒漠地区再次闪烁出金子般的光亮，而且造就了一批科学家，表现了我国学者无畏无惧为科学而献身的精神，极大地提高了我国学者在世界上的学术地位，推动了包括考古学在内的多种学科的发展。

4 斗鸡台上的学问

西北科学考察团获得的成功，极大地促进了我国学术的发展。考察团中方团长徐旭生以其出色的组织工作获得瑞典国王勋章。1929年徐旭生出任刚刚成立的北平研究院史学研究会考古组主任，开始组织力量，进行田野考古工作。他们最初与北京大学考古学会、中央古物保管委员会合作，发掘了燕下都等遗址。1933年后，工作重点转入陕西地区，目的是寻找周秦古迹。陕西是周秦文化的发祥地，周秦古迹密布。在1933年的首次考古调查中，他们发现了7处遗址，其中斗鸡台遗址就是其收获最丰的一处。

斗鸡台是宝鸡市以东7.5公里、渭河北岸一块平缓坡地的俗称。这里不仅地处秦民族发祥地的泾、渭二水之间，而且遗址上一座历史悠久的祠庙特别地吸引着在此调查的考古学家，而地面上一些石器碎片、带色陶片等零星的史前遗存更使他们心花怒放。他们经过对调查发现的7处遗址的反复筛选，最后决定于1934年春开始发掘斗鸡台遗址。

斗鸡台遗址的发掘，是我国首次在陕西周秦故地进行的考古发掘工作。当时在遗址上分3个发掘区展开工作，而历史的机遇却降临在戴家沟东区（简称沟东区）发掘主持人苏秉琦身上。

苏秉琦在斗鸡台沟东区发掘了两次，在近1000平方米范围中，发现了56座周代墓葬。这些墓葬都是些小墓，随葬品中仅是些陶器等日用品。使苏秉琦惊奇的是，这些墓中大都出有陶鬲，40座墓中共有40件之多，成为当时出土陶鬲数量最多的一处。

陶鬲是中国特有的古文化传统之一。由于它不是金属品，又无铭文，所以金石学家从未将它列入金石研究之列。1921年安特生发掘仰韶遗址后，陶鬲才开始被人注意，许多学者将它作为探索中华远古文化源流的一种文化因素而加以研究。其中因发现北京猿人头盖骨而闻名中外的裴文中，在自法国留学回国后的40年代，也对中国陶鬲进行了系统研究。苏秉琦对这批陶鬲反复琢磨研究，试图通过分析陶鬲的形制来寻找解决这批墓葬的年代问题和文化性质问题的途径。

器物类型学是考古学研究中的重要方法之一。早在1929年，李济以《殷商陶器初论》一文，揭开了我国学者研究陶器器型的序幕。后来梁思永在整理城子崖陶器时，曾探索了一套陶器的分类方法。30年代中期，瑞典考古学家、类型学大师蒙特柳斯论述器物类型学方法的《先史考古学方法论》一书被译成中文在我国流行；瑞典考古学家巴尔姆格伦对半山马厂陶器分析的研究成果的发表，为我国学者进行陶器形式分类的研究，树立了范例。在40年代，吴金鼎等进行云南苍洱史前陶器器型研究、陈梦家进行殷周铜器器型（以卣为例）研究，先后取得成功；而苏秉琦对斗鸡台陶鬲的研究，对日后的田野考古影响最大。

苏秉琦研究斗鸡台上的陶鬲,连续在三个方面获得了突破。第一,他除了观察陶鬲的形状、外表纹饰外,还着重注意遗留在陶鬲上的制作痕迹,并依此作为对陶鬲分类研究的深入点。此举不仅拓宽了我国考古学研究中对陶器形制研究的角度,而且为研究陶鬲由早至晚的器型演变过程等问题提供了重要线索。第二,在这一基础上,他还运用相当于现今对某种器物分型分式的两级分类法,准确地对陶鬲进行了类型学研究,辨明了这批陶鬲在早晚不同时期的器型特征,开拓了我国考古学研究中器物型式分类研究的先河。第三,他将研究陶鬲的收获进一步扩大到与陶鬲同出于一墓中的其他各种器物,甚至是墓葬形制,第一次运用器物共存原理判定出墓葬的年代。

苏秉琦通过对陶鬲的研究,不仅从56座墓葬中确定了45座为西周或早于西周的周人墓,为西周考古研究找到了可作对照的标准器物,而且还进一步开拓了中国考古学中器物类型学研究的途径。

叁 发展篇（上）

1950年5月19日，中央人民政府政务院总理周恩来，根据中国科学院院长郭沫若的提名，任命郑振铎为考古研究所所长，梁思永、夏鼐为副所长。这是中国考古学史上具有深远历史意义的一件大事。从此中国有了专门的考古研究机构，中央和各省、市、自治区的文物管理机构相继成立。中国考古学开始步入它的大发展时期。

1979年4月6日，酝酿20年之久的中国考古学会成立大会在西安召开。它标志着中国考古学经过新中国近30年的发展，取得了丰硕的学术成就，初步建立起自己的学术体系，得以较好地根据考古资料恢复中国古代社会的历史。那次会议之后，中国考古学开始步入它的繁荣时期，并走向它的黄金时代。

下面分上下两篇，介绍50~90年代中国史前考古研究和历史时期考古研究的重大事件。

一　早期人类化石追根

哪里是人类的摇篮？这个人类自身的问题，是继发现北京人、证实了人是由猿演变而来的真理之后，世界人类学家热切盼望解决的重大学术课题，也是每一个人都渴望获得解答的难题。人们起初的探索地是在欧洲和亚洲。1960年后，在东非坦桑尼亚奥林瓦伊峡谷第1至2层和1972年在肯尼亚科比福拉发现距今约200万年的"能人"化石和石器后，普遍将探索的眼光转向了非洲。然而50年代以来，中国大陆上数十处古人类化石和200多处旧石器时代遗址的发现，尤其是距今100万年和170万年前直立人化石和文化遗存的发现，再次使世人醒悟：亚洲是探索人类起源不可忽视的地区。

周口店遗址的继续发掘与研究

1949年9月，周口店遗址又迎来了昔日的一些考古学家，这是周口店遗址发掘工作中断10年之后的第一次发掘。发掘工作是在裴文中的指导下，由贾兰坡和刘宪亭主持进行。发掘了50多天,除运出1937年为防止日本人前来挖掘而填入的土石外,又发掘出125立方米的原生堆积物,支出经费1万多斤小米。发掘结果除发现一批石器和脊椎动物化石外,还在一堆灰烬中发现3枚北京人的牙齿。由于过去所获北京人化石在抗日战争中全部遗失,这便成为我国学者首次掌握的北京人化石标本。

人民政府在北平刚刚解放不久,国家正处在百废待兴的时候,挤出1万斤小米来恢复周口店遗址的发掘研究工作,标志着周口店考古工作的新生。至1966年,周口店遗址又进行了多次引人注目的发掘。其中1951年继续1949年的发掘,再次发现了2枚北京人牙齿和肱骨、胫骨各一段,并发现了更新世初期(距今约50万~100万年间)的沉积物。1958~1960年的发掘,是为了发现更多的北京人材料,结果发现了一个比较完整的北京人下颌骨和一件年代最古老的石器等。在1958年的发掘中,参加者还有北京大学历史系考古专业的师生。是年的发掘在方法上有重大改革,由以往的水平分层改变为地质分层。上述几次发掘收获,对哺乳动物的演化和华北第四纪地层的划分有卓越的贡献。1966年的发掘又发现了北京人头盖骨等。巧的是,新发现的头骨破片竟能与1934年和1936年发现的第5号头骨的两块颞骨合并成一个近乎完整的头盖骨。至此,加上1949年以前的,周口店遗址的发掘已发现分属40多个个体的北京人化石和数以万计的石器,以及丰富的骨器、角器、用火遗迹等,为系统地研究北京人及其文化积累了丰富的资料。

1966年在周口店遗址发掘了3个月之后,工作又被迫中断。它的再次恢复则是在1976年以后。1978年,对周口店遗址的发掘和研究开始执行一项新计划。该计划包括9个课题的综合研究,有全国17个科研、生产和研究机构参加。主要内容有:北京人遗址的发掘、北京人及其文化和伴生动物群的综合研究;周口店晚新生代地层与古冰川研究;北京人洞穴及周口店地区岩溶发育规律研究;北京人遗址地区古土壤、堆积物特征及其形成环境研究;北京人遗址的孢粉研究;北京人生活时期沉积环境研究;北京人遗址及周口店附近有关地点的年代测定;测绘1:250的周口店龙骨山及其附近地区地形图;拍摄北京人遗址综合研究资料性影片。

其中北京人的生存年代,是世界古人类学研究中极为敏感的课题,自1929年以来已提出多种看法,也作过多次修正,但都是采用古生物学方法来推定北京人生存的地质年代,争议一直较大。为进一步说明北京人生存的年代,中国科学院地质研究所、贵阳地球化学研究所、原子能研究所和中国地质科学院地质力学研究所等单位,自1976年开始采用古地磁法、裂变径迹法、热发光法、铀系法和氨基酸外消旋等方法,测定北京人遗址不同层位中出土的化石或堆积物的年代。经对测定结果的综合研究,推定北京人洞穴中厚达40多米的文化堆积,大致形成于距今70万年到23万年间,北京人化石的年代早至距今46万年前,一直延续至距今

23万年左右。综合研究还表明，当时的气候较为温和、湿润，但也发生过多次冷和暖、干和湿的交替。

在周口店遗址研究中，另一项引人关注的课题是北京人石器研究。北京人石器问题自1921年周口店遗址正式发掘之前由安特生提出，1930年被裴文中发现，1931年得到法国史前学会会长步日耶确认后，一直是北京人文化研究中的一项重要课题，它实际上贯穿在周口店遗址发掘与研究的全过程，并影响着探索比北京人更早的人类文化的研究。1985年，一部综合研究1966年以前历次发掘所获的数以万计的石器专著终于问世。这是由裴文中和张森水师生俩于1975年开始，在1955年至1965年期间由裴文中、贾兰坡等6人专业小组的整理研究基础上，对这些石器重新进行分类、统计和测量等研究所形成的成果。它表明北京人石器有两个最重要的特点：一是以砸击法为其主要打击方法，存在大量的砸击石片；二是石器是主要采用石片做的、向背面加工、以单刃居多的小工具。这种特点尚不见于世界上其他同时期的遗址中。

以上发掘和研究成果，虽然不如二三十年代发现北京人第一颗牙齿、第一个头盖骨和用火遗迹等那样轰动，但对探索人类的进化，复原这一阶段早期人类历史等诸多重大学术问题仍产生了深远的影响。

蓝田人的发现和研究

在50年代后期至60年代初，学术界曾展开过一次北京人是不是最原始的人的大讨论。参加讨论的一方以贾兰坡为代表,他们依据30年代德日进等人提出"最后的三趾马经常来泥河湾湖喝水的时候,中国就有了人类"的推测,以及北京猿人的石器具有一定的进步性质等,于1957年发表了在北京人之前的泥河湾期还应该有更原始的人类和文化的看法。另一方以裴文中为代表,他们认为北京人是"第一把石刀"的制造者,在这之前的人类化石和工具尚未见有发现。这场讨论起初仅在学术刊物上进行,后来则借助报纸展开,影响面很广。这场学术争论的直接效果是激发了不少学者探寻早于北京人化石和文化遗存的欲望,促进了田野考察工作的进一步展开。1963、1964年,蓝田人化石的发现为这场空前热烈的学术争鸣画上了句号。

蓝田人的发现,是由在陕西蓝田工作的地质学家提供的线索。蓝田县一带有着良好的新生代地层剖面,从19世纪末叶起,就已有地质学家涉足这里。1959年,中国科学院地质研究所的刘东生等人先后在这里考察,划分了第三纪和第四纪的地层剖面。根据这些线索,中国科学院古脊椎动物与古人类研究所于1963年夏又作了进一步的探索,在蓝田县城西北约13公里处的陈家窝子村发现了一件完整的人的下颌骨化石,并在当地农民的引导下,于公王岭发掘出5箱动物化石。这些发现预示着这一带很可能是古人类研究的突破点。

1964年4月,一支庞大的综合考察队直奔蓝田陈家窝子、公王岭一带。这支考察队由中国科学院古脊椎动物与古人类研究所和其他有关的科研单位、生产部门和高等院校等11个单位组成,进行新生代地质调查、填图和发掘工作。5月23日,一个3人发掘小组在公王岭发现了第一颗人牙化石,公王岭从此闻名于世。后来为方便清理化石,用"大块套箱法"将含有化石的堆积物共100多箱整块地从地层中挖出运往北京清理。10月12日上午,当李公卓负责的重达800多斤堆积物清理至一个排球大小时,经裴文中过目,确认为猿人头盖骨。这是新中国发现的第一个猿人头盖骨,而且地质时代又早于北京人的时代。

1965、1966年,又先后两次在此发掘,除再次发现一批动物化石和大量石制品外,又发现了一件三棱大尖状器。在后来的研究中,据此将蓝田人文化与匼河文化、丁村文化归属于同一系统,而将北京猿人及早期智人阶段的许家窑文化归属于另一系统。

蓝田人化石完全由我国学者进行研究。公王岭发现的人化石,计有1具头盖骨、1块上颌骨、左右眉骨和3颗牙齿,属于一个30多岁的女性,其头骨特征较北京人原始。陈家窝子发现的下颌骨化石属老年女性。最初的研究将两地的人化石归为同一亚种,命名为蓝田直立人,但两地的动物群化石明显地存在区别,蓝田人的地质时代早到中更新世早期。1977年4月,中国科学院地质研究所用古地磁方法测定公王岭头盖骨的年龄为距今100万年左右,陈家窝子下颌骨为50万年左右。后来的多次重复测定表明,公王岭和陈家窝子两地的含人化石层位的年龄,分别为距今110万~

115万年和65万年。

对蓝田人的研究是多方面的。据对动物群化石的研究和孢粉分析表明,蓝田人生存期间的气候比现在还温暖些,平原地区植被是森林草原景观。蓝田人之后,秦岭抬升加剧,成为南北方哺乳动物交往的自然地理屏障。从埋藏学角度的研究表明,这里并非是直立人的原住地。

蓝田人的发现,将探索人类的起源指向了更为遥远的时代。

3 泥河湾的疑案和元谋人的发现

泥河湾原来是河北省阳原县桑干河畔一个普通山庄的村名,由于20年代在泥河湾村一带发现了显目壮观的第四纪地层,内含丰富的哺乳动物化石,所以深受考古学家和地质学家的青睐,考察队纷纷前去考察,泥河湾因此闻名于世。30年代德日进等人发表"最后的三趾马经常来泥河湾湖喝水的时候,中国就有了人类"的推测,就是在这里考察后提出的。从此人们渴望在泥河湾一带寻找年代上早于北京人的人类文化遗存。但是至1978年以前的半个多世纪内,人们在这里找到的大都属于旧石器时代晚期的文化遗存,其中包括1974年在许家窑遗址发现的大批珍贵的古人类化石和上万件文化遗物。德日进当年的大胆推测,遂成为一个历史疑案。

1978年,这个长达半个世纪的疑案开始冰释。中国科学院古脊椎动物与古人类研究所的3位学者在泥河湾村以南、隔桑干河相望的小长梁一带的泥河湾地层中，发现了一批经人类打制的石制品和几件打击骨片。他们起初推测其年代距今200万年左右，后来通过对石器的进一步研究，推定其年代距今约100万年。

小长梁的发现将泥河湾的旧石器时代考古推向新的高潮，它使人们对考察、探索泥河湾一带的早期人类文化遗存，充满了希望。1981年，在裴文中的组织下，一支考古发掘队再次赴泥河湾一带考察，并在小长梁以东2公里的东谷坨一带的泥河湾地层中发掘出1400多件石器和大量的哺乳动物化石，它的地质层位与小长梁地点的地质层位大致相当，地质时代为早更新世末期。中国科学院贵阳地球化学研究所经过对这一带地层剖面进行磁性年代学研究，认为其年代距今约100万年。

东谷坨发现的大批石器，与小长梁的石器一样，也具有较进步的特点，考古学家们据此推测：可在更早的地质时代里寻找人类文化遗存。

与小长梁和东谷坨地点的发现不同，元谋人的发现和研究，与地质学家的考察结下了不解之缘。

元谋盆地是滇中高原上最低的一个盆地，是华南晚新生代地层非常发育的地区。自20年代开始，中外地质学家就对元谋盆地进行了长时期的第四纪地质考察。1965年初，为配合西南地区的建设和成昆铁路的勘察设计，原地质部地质研究所的4位考察人员赴云南元谋县东南上那蚌一带，重点考察元谋组地层。5月

1日下午5时，一位考察员正伏在上那蚌西北800米处一个高4米的小山包下部，紧张地清理几颗云南马牙化石，就在云南马牙化石一旁，他无意中发现了两枚人牙化石。这两枚人牙化石相距仅十几厘米，一颗还半露于地表。5月3日，他们因有新的任务，不能在此继续探索了，于是他灵机一动，突击绘制了元谋组地层和构造剖面图，并且特意将元谋组第四段剖面通过含元谋人化石的地层层位处，为日后对元谋人的研究留下了准确的层位资料。他没料到，这个偶然发现竟揭开了我国古人类研究史上崭新的一页，研究元谋人将成为他的终身事业。

当这枚人牙化石带回北京经鉴定后，当即引起了学术界的震动。这是我国首次发现的早更新世时期的直立人化石。

然而这个时代毕竟太古老了。它不仅比北京人的年代早一倍以上，而且也远远超越了50年代后期在北京人是不是最原始人的争论中提出的人类可能脚踏泥河湾期地层这一大胆推测的年代。

两枚小小的人牙化石，因涉及人类起源的年代和地域而引来了无数争议。1965年5月1日的重大发现，直到1972年2月22日才正式公布于世，引起了海内外广泛的注意和重视。1967年至1990年，中国地质科学院地质力学研究所、地质研究所、地质博物馆、中国科学院古脊椎动物与古人类研究所、地质研究所、北京自然博物馆、云南博物馆、云南省地质局等10多个单位的考察队对元谋人及其地质地层等进行了多学科的综合研究,又发现了3件石器、大量的碳屑和哺乳动物化石。

通过长达20多年的研究表明,元谋人化石发现地是一套厚达695米的河湖相沉积,从下到上分为4段28层,元谋人化石发现于第4段第22层中,其地质时代属早更新世。据古地磁测定,为距今170万年前后。发现的两枚人牙化石都为上内侧门齿,一左一右,属同一成年人个体,牙齿很粗壮,基本形态与北京人的接近,但具有明显的原始性,被命名为"元谋直立人"。这是我国发现的年代最为古老的人类化石。

4 早期智人的发现和旧石器时代晚期文化研究的新进展

早期智人是由直立人进化而来,其年代约在北京人之后至距今4万年左右。20世纪50年代以前,我国长期缺乏这方面的资料。因此,寻找这期间的人类化石及其文化,自然成为探索人类进化、研究北京人去向的重要课题。于是自20世纪50年代以来,在周口店遗址继续发掘和研究的同时,不少研究队伍就活跃于黄河上下、大江南北的荒山旷野之中。丁村人及其文化遗存就是在50年代的探索中发现的早期智人阶段的重要遗存。

1953年,在山西襄汾丁村一带取沙工程中发现了脊椎动物化石,后又采集了几件粗大的石器。经中国科学院古脊椎动物研究所研究后,认为丁村一带有可能藏有人类化石及其文化遗存。1954年9月，一支由贾兰坡负责的发掘队奔赴丁村调查，先后在12个地点进行发掘，果然发现了大批动物化石和2000多件石器，并在第100地点的下部发现3枚12或13岁的人牙化石。1976年以后，在这一带又发现了10来个地点，并在第100地点的发掘中又发现了一个大约两岁小孩的头顶骨残片等。

丁村是新中国第一个经科学发掘发现人类化石的新地点。该项发现一经公布，立即引起了学术界的关注，形成了对丁村人及其文化研究的热潮。其中对丁村人化石等的时代认识曾有过反复，一度认为在丁村不同地点的文化遗存属同一时代，为旧石器时代晚期。周明镇在1958年第一次提出了丁村各地点的时代可能有早晚不同的看法，其中产人化石的第100地点的时代属晚更新世早期。后经铀系法测定，丁村第100地点的年代为距今16万~21万年。丁村文化在50年代成为中国旧石器时代中期文化的代表。

至今发现属早期智人阶段的人化石和石器的地点近30处。如1957年在湖北长阳下钟家湾龙洞发现长阳人，1958年6月在广东曲江马坝乡狮子山石灰岩洞中发现马坝人，1972年在贵州桐梓县云峰岩灰洞内发现桐梓人，1973年在北京周口店新洞发现新洞人，1982年在安徽巢湖市银屏区岱山公社银山村附近洞穴中发现银山人，等等。其中以北方的许家窑人、大荔人、金牛山人的发现最为重要。

许家窑遗址是在1974年由贾兰坡等对山西雁北地

区进行旧石器时代考古调查时发现的。1976、1977和1979年曾几度发掘。在距地表8米以下的地层中发现人化石20件,代表10多个男女老幼不同的个体,他们是从7岁的幼儿到年过半百的老人,平均寿命约为30岁。出土石器14000余件,还有不少骨器。这是目前我国发现的早期智人阶段人化石和文化遗物最为丰富、规模最大的湖边遗址,其年代距今约10万年。该遗址出土的石制品显示了许多进步特征,突出地存在着许多细小石器。研究者认为这里的细小石器技术传统是北京人文化的继续,是目前所知在东亚、北亚和北美的细石器传统范围内年代最早的一处。

大荔人的发现纯属偶然。大荔人头骨一直位于陕西大荔县段家公社解放村甜水沟的岩壁上。1978年3月,为实施引黄工程,陕西省水利电力局的考察人员在这里进行地质勘察而得到了意外的发现。他们将人头骨化石送至西北大学做初步鉴定后受到了重视。同年10、11月和1980年秋,吴新智等人在甜水沟一带进行了较大规模的发掘,后来安志敏带研究生也去这一带进行了考察,结果均一无所获,却发现了一大批石器和动物化石。其中1978、1980年的两次正式发掘,弄清了大荔人的文化性质,确定了人头骨化石生存的地质时代。

大荔人的头骨化石保存相当完整,仅缺下颌骨,是为中国早期智人研究提供信息最多的标本,也是世界上不多见的早期智人化石标本。大荔人的年龄约30岁,许多形态特征比北京人进步,介于直立人与早期智人之间，属早期智人中的古老类型。这一发现填补了我国古人类学研究的空白。

辽宁营口金牛山洞穴遗址最早是在 1974 年就已发掘，但主要发现了属旧石器时代初期的石器和用火遗迹等。1984 年 9 月 27 日，北京大学考古系吕遵谔带领研究生实习队在金牛山 A 地点清理出一块人类膝盖骨化石。至 10 月 2 日，居然清理出一具包括较完整的头骨和脊椎骨、肋骨、髋骨、手骨、足骨等许多体骨，代表一个成年不久的男性个体化石。这一发现使得人类学家有可能据此直接测出早期智人的体骨特征，从而结束世界人类学家对这方面材料的漫长等待。

金牛山人的系统研究尚未全面展开，但对其时代和性质的论战却已硝烟弥漫。考古学家吕遵谔认为金牛山人为比较进步的猿人的代表，将其称为"智猿人"，生存时代为中更新世晚期，距今约 28 万年。古人类学家吴汝康则认为金牛山人作为早期智人的一种类型似较为合适，其生存年代距今 10 多万年至 20 万年左右，准确年代尚待进一步研究。这些学术争论，对深入系统地研究金牛山人无疑是有益处的。

在探寻早期智人化石及其文化遗存的同时，寻找晚期智人化石及其文化遗存的工作也同步展开，而且成果十分显著。

晚期智人的年代始自距今 3.5 万年左右，50 年代以前仅发现山顶洞和河套地区两个地点。50 年代以来，已发现的晚期智人化石的地点约 40 处，其中比较重要的有：1951 年修筑成渝铁路，于资阳县黄鳝溪挖桥基时发现的资阳人；1958年在广西柳江通天岩发现的柳江人；1963年至1980年3次在内蒙古萨拉乌苏河两岸的原生层位中发现的20多件河套人化石；1978年至1982年在贵州普定县穿洞发现的穿洞人；等等。发现的这一时期的文化遗存分布范围更为广泛，从喜马拉雅山北坡至黑龙江畔和黄海之滨均有发现。其中分布在华北的重要遗址有山西朔县峙峪和沁水下川、河南安阳小南海、河北阳原虎头梁、陕西韩城禹门口、甘肃庆阳刘家岔等，并区分出小石器传统、石叶工业和细石器工业等三大类型。分布在东北的重要遗址有辽宁海城小孤山、黑龙江哈尔滨阎家岗、齐齐哈尔昂昂溪等；分布在华南的重要遗址有广西柳州白莲洞，贵州普定白岩脚洞、兴义猫猫洞，四川汉源富林、铜梁张二塘等地。90年代还在湖北江陵鸡公山发现了人类在平原活动的居址、石器打制场等遗迹。

大批晚期智人化石和旧石器时代晚期文化遗存的发现，为连接旧石器时代从早到晚的文化发展序列，说明南北地区的文化联系、东西方的文化交流、蒙古人种的形成等重大学术问题作出了贡献。同时这些发现也促使考古学家们开始探索旧石器时代如何向新石器时代过渡这一人类文化发展史上最为重要的革命过程。

二　绿色革命探源

解决食物的来源问题，是史前社会人们生活的主要内容。后来以农作物的栽培和家畜的饲养为标志，出现了生产经济，它使人类不再依赖自然界的赏赐，一跃成为改造自然界的主人。这是人类历史上意义最为深远的革命，称之为农业革命或绿色革命，在考古学上称为新石器时代革命。

1 庙底沟遗址发掘留印记

黄河流域是我国新石器文化研究的重心区域。1921年仰韶文化一些破碎陶片和石工具的发现曾轰动史学界，这一发现结束了我国无新石器文化的历史；而1928年龙山文化一批陶器残件的发现，则表明在新石器时代的黄河流域并非只有仰韶文化。关于这两种文化的年代和相互关系的研究，普遍流行着龙山文化与仰韶文化东西发展说的观点，即龙山文化首先在山东地区形成，然后往西发展，所以在河南地区的龙山文化大都晚于仰韶文化而叠压在仰韶文化层之上；仰韶文化则最早在豫西、晋南一带形成，在向东发展时，受到龙山文化的阻止，所以在山东境内不见有仰韶文化。

随着考古调查发掘工作在黄河流域的全面展开，龙山文化的分布范围已不仅仅局限于山东至河南北部和西部地区。1951年4月，中国科学院考古研究所派出两个考察团分赴河南西部和陕西长安沣西沿岸，寻找具有重要学术价值、被考古学家誉为"活化石"的远古陶器等残件。其中由夏鼐率领的一支在豫西试掘了渑池县仰韶、不召寨和成皋青台、点军台等遗址，提出了仰韶文化与龙山文化混合的观点。由苏秉琦率领的一支在沣西客省庄遗址则发现了年代晚于仰韶文化的龙山文化时期的客省庄二期遗存，并经1953年10月石兴邦等人的调查及1955年2月王伯洪等人的大规模发掘，确认为客省庄二期文化，由此将龙山文化的分布范围扩大到陕西渭河流域。以后的发掘表明，在陕晋豫地区，凡是有仰韶文化的遗址，大都有龙山文化的遗存。这些发现日益困扰着龙山文化与仰韶文化东西发展说。因此至50年代中期，寻找识别仰韶文化与龙山文化之间的过渡性遗存已迫在眉睫。

1955年10月，国家开展的根治黄河水害和开发黄河水利的宏大工程，为解决这一学术上的疑难问题提供了契机。中国科学院与文化部联合组成黄河水库考古工作队，由夏鼐、安志敏出任正、副队长，奔赴三门峡水库区进行全面的考古调查。1956年底，捷报从安志敏主持发掘的陕县庙底沟传至北京，在那里确认了仰韶文化向龙山文化过渡的文化遗存。

庙底沟遗址位于陕县南关的东南，1953年被发现。1956年黄河水库考古工作队又做了重点勘察。遗址的总面积约24万平方米，比陕县县城附近现在的村庄还要大得多。这次发掘了约4500平方米。最大收获是在仰韶文化层之上，发现了一种既有仰韶文化余韵，又有龙山文化先声的文化遗存，它们属于遗址的第二期，称作"庙底沟二期文化"。这种文化遗存晚于仰韶文化的线索，早在1954年7月河南文物工作队第二队对洛阳孙旗屯遗址发掘时就已发现，庙底沟遗址的大规模发掘则使之更为明晰并被普遍认同。当时发现的庙底沟二期文化遗存主要有1座房址、1座烧制陶器的窑址、26座灰坑和156座墓葬，以及一大批陶、石器等生产、生活用品。

庙底沟遗址的发掘为解决仰韶文化与龙山文化的关系铺平了道路。此后，黄河水库考古工作队又于1958年在陕西华阴横阵村和山西平陆盘南村、1960年在芮城西王村，北京大学考古实习队于1959～1960年春在河南洛阳王湾等遗址，陆续发现了庙底沟二期文化。从此，龙山文化是由仰韶文化通过庙底沟二期文化发展而来的观点成为定论。

庙底沟遗址的发掘与1954～1957年对陕西西安半坡遗址的大规模发掘共同确立了仰韶文化半坡类型和庙底沟类型，奠定了仰韶文化研究的基础，其中半坡类型的发现与确立，将仰韶文化的年代提早至距今6600年前后。后来在宝鸡北首岭、南郑龙岗寺遗址的发掘，进一步将仰韶文化的起始年代提早至今约7000年。

② 意义深远的大汶口

黄河中游地区龙山文化的来源问题一旦解决，龙山文化最初发现地的山东地区的龙山文化的来源问题立即提到了议事日程，因为山东境内一直没有发现仰韶文化。山东地区的文化是否另有源头呢？对这一问题的探索直接导致了大汶口文化的命名和海岱文化区的确认。然而大汶口文化的命名却经历了一个曲折的过程。

早在1959年5月，为配合修筑津浦铁路复线工程，山东省文管会和济南市文化局在泰安县与宁阳县交界的大汶河旁的大汶口遗址上清理了130多座墓葬，出土物显示了独特的文化面貌。这个遗址的发现与发掘，在山东省新石器文化研究中曾两度创造辉煌：一是为山东新石器文化的编年研究奠定了基础，二是在探讨中国文明的起源中受到许多学者的青睐。但在当时，考古人员仅仅依据一些彩陶，以及与1957年在安丘景芝镇清理的7座墓葬的文化面貌相同等，就认为它们的文化面貌可能与山东龙山文化有所区别；同时将它们的时代定在新石器时期末和商代前期，并将其视为与典型龙山文化类似的文化遗存。

其实，南京博物院1953年在邻近山东的江苏淮北新沂花厅遗址、1960年在邳县刘林遗址上就发现了与大汶口遗址文化面貌相同的遗物，但未注意到这些文化遗存就是山东龙山文化的前身，而把它们纳入了属江淮地区的古文化系列中。

1961年初夏，对滕县岗上8座墓葬的发掘获得了大汶口遗址上墓葬的年代早于以城子崖遗址为代表的山东龙山文化的线索。然而，使得山东龙山文化源头的探索开始明朗化，则是1962年中国科学院考古研究所对曲阜西夏侯遗址的发掘，那次发掘主要是清理了11座墓葬。这11座墓葬可分为上下两层，文化面貌与大汶口遗址中、晚期墓葬接近。更重要的是，这11座墓葬被山东龙山文化遗存叠压。由此证明1959年大汶口遗址上发现的这么多墓葬的年代都早于山东龙山文化。

大汶口遗址是幸运的，它是山东龙山文化的正宗源头，从此它得到了应有的科学位置。1964年，大汶口文化最终得到了命名。后来的研究表明，大汶口文化—山东龙山文化是海岱文化区的主要文化遗存。它们与黄河中游的仰韶文化—龙山文化本来就分属于两个不同的文化系统。

3　石岭下的功绩

正当黄河中下游地区探索龙山文化源头取得辉煌成果时，黄河上游甘青地区新石器文化编年的研究也取得了突破性进展。这一地区新石器文化编年研究，除了继续补正齐家文化与马家窑文化的相互关系外，主要是解决马家窑文化的源头问题。

1957年,甘肃省文管会对临洮、临夏两县进行了全面的考古调查,最终在闻名遐迩的临洮马家窑—瓦家坪遗址上发现了马家窑文化遗存在上、仰韶文化庙底沟类型遗存在下的地层关系,第一次确认了马家窑文化晚于仰韶文化的事实。由于马家窑文化的文化面貌与仰韶文化的文化面貌存在着明显区别,马家窑文化虽晚于仰韶文化,但它们之间是否存在承袭演变关系,仍然没有得到说明。后来探寻者踏遍陇东陇西的山山水水,新发现了大批仰韶文化、马家窑文化和齐家文化的文化遗存,仍没有找到解决这两种文化关系的任何蛛丝马迹。马家窑文化果真是从西方经河西走廊传来的吗?

1962年,甘肃省博物馆在复查1947年就已发现的武山县城关镇石岭下遗址时发现,这里在马家窑文化层之下和仰韶文化庙底沟类型之上,存在着一种过渡性文化层,其基本面貌接近于马家窑文化,同时又有一些因素明显地与仰韶文化庙底沟类型相似,从而证明马家窑文化确实是从仰韶文化庙底沟类型发展而来的。这以后的探索表明,仰韶文化最初是在甘肃东部,通过石岭下下层这一类型演变为马家窑文化,马家窑文化由东向西发展,形成了马家窑、半山、马厂3个发展阶段。

石岭下遗存的发现,为甘青地区建立完整的新石器文化编年敲下了定音锤。它的功绩是彻底击破了中国文化西来说。

4 齿刃石镰之谜与八千年的尘埃

通过 10 多年的努力，黄河流域距今 6600 年前后至 4000 年前的新石器文化编年基本上得到解决，由此往上追溯更早的新石器文化的基础已经建立。下一步的探索将在哪里首先获得突破呢？

1964 年，夏鼐首次提出探索仰韶文化前身的问题，认为 50 年代末 60 年代初，在陕西西乡李家村、宝鸡北首岭、华县元君庙等遗址下层出土物的年代较仰韶文化早，文化面貌与仰韶文化有密切联系，是探索仰韶文化前身的一个较为可靠的线索。1965 年，苏秉琦也指出这些文化遗存应从仰韶文化中分离出去，典型遗存还见于华县老官台等地。然而"十年动乱"使探寻工作被迫中断，夏鼐与苏秉琦的观点并未直接在陕西的考古研究实践中得到进一步的证实与发展。历史的机遇选择了河南。

早在 50 年代末 60 年代初，河南零星发现了琢磨精致的石镰和石磨盘。其中石镰的形状与现今的铁镰刀太相似了，呈弯月形、锯齿刃，以至于发现者以为它是年代较晚的收割工具，将它束之高阁。

1976 年 11 月至 1977 年 4 月，邯郸市文物保管所、邯郸地区磁山考古队短训班和开封地区文管会、新郑县文管会，先后发掘了河北武安磁山和河南新郑裴岗遗址，发现了与石镰、石磨盘共存的大批石器、陶器，以及成批储藏小米的窖穴和 8 座墓葬，文化面貌明显地不同于已知的仰韶文化、龙山文化。但是他们没有贸然推测这批文化遗存的年代，而是收集了一批测年样品，供中国社会科学院考古研究所实验室测定年代。测定的结果：它们是距今8000年前后的文化遗存。蒙在锯齿石镰上的重重迷雾被驱散而尽，它一净身上的尘埃，步入了高雅的展厅。

磁山与裴李岗遗址的发掘，给寂静了许多年的中原新石器文化研究顿添无穷的活力。中国社会科学院考古研究所河南一队、开封地区文管会、郑州大学历史系考古专业、河南省博物馆、新郑文管会、密县文管会、巩县文管会等考古发掘队，挥戈中原，揭启了新石器时代中期文化研究的序幕。

早期新石器文化遗存从最初的零星露头到真正的辨认，前后经历了20多年的时间。但是这种文化遗存一经识别，其研究进展却十分神速。1978、1979年又两度发掘裴李岗遗址，全面揭露了保存下来的100多座墓葬；1977年10～12月、1978年3～5月2次发掘了密县莪沟北岗遗址，也全面揭露了当时的墓地；1978年6～7月在中牟、新郑、密县、登封、巩县等5个县境内新发现12处含锯齿石镰的遗址；1978年发掘巩县铁生沟遗址；1978年秋至1980年4次发掘长葛石固遗址；1979年5月发掘密县马良沟遗址。至1979年底，在河南境内已发现30多处含锯齿石镰的遗址，它们大体分布在以嵩山为中心的豫中及豫北地区，文化面貌相同，称为裴李岗文化；而将分布在冀南、冀中一带，文化面貌与磁山遗址相同的，称为磁山文化。

1981年以后，战果进一步扩大。1981年9月至1982年春发掘新郑沙窝李遗址，1983年至1987年6次发掘舞阳贾湖遗址，1984年至1986年3次发掘临汝中山寨遗址，1986年至1988年4次发掘临汝水泉遗址，获得了大批距今8000年前后的珍贵文物。

在河南境内探寻裴李岗文化的同时及稍后，中国社会科学院考古研究所和陕西、甘肃、山东三省的文物考古单位，分别在陕西至甘肃陇东一带及山东境内，也紧锣密鼓地展开了对早期新石器文化的探索。他们先后在陕西发掘渭南北刘和白庙、临潼白家、商县紫荆等遗址，在甘肃发掘秦安大地湾，天水西山坪、师赵村等遗址，在山东发掘滕县北辛、兖州王因、临淄后李、章丘西河等遗址。后来的研究者将分布于陕西及陇东地区的含石磨盘的这类文化遗存命名为白家文化（有人称为老官台文化或大地湾文化，也有人将分布于汉中地区的这类文化遗存单称为李家村文化），山东境内环鲁中南山地分布的称为后李文化和北辛文化。至此，黄河流域新石器时代中期文化研究已全面铺开。

裴李岗文化、磁山文化、白家文化、后李和北辛文化的发现与确立，不仅解决了黄河流域仰韶文化和大汶口文化的源头问题，而且揭开了鲜为人知的距今8000年前后新石器文化的神秘面纱，人们发现那时的文化并不是很落后。当时通常选择地势较仰韶文化居住点更高的地点居住，所以几十年来不被人察觉。那时已有小型永久或半永久的定居聚落；房屋主要为10平方米左右的单间半地穴建筑，也有三四间一组的排房居舍。墓葬通常是成片成群分布,以单人葬为主,也有合葬墓。生产工具以磨制石器为主,打制石器及细石片制成的复合工具仍在使用,还有骨、蚌工具。陶器已在生活中广为使用,已萌发了彩绘艺术;已经掌握了原始纺线织物技术。1987年在河南舞阳贾湖墓葬中发现了已具备音阶结构的七孔骨笛和早骨契刻符号。农业早已产生。当时种植的农作物主要有黍(大黄米)和粟(小米);1978年在河北武安磁山遗址发现了数十座世界上年代最早储存小米的地窖式粮仓;1993年还在贾湖遗址出土物中发现人工栽培稻谷的印痕。饲养的家畜有猪、狗、鸡,其中猪的饲养已有一定的数量,家鸡遗骸则是目前世界上年代最早的发现。

黄河流域距今8000年前后文化遗存的发现,首次突破了我国新石器文化研究长期被禁锢于距今7000年以内这一年代鸿沟,掀起了我国新石器文化研究的第二个热潮;同时也对仰韶文化、龙山文化等社会形态研究进行了反思。由此开始,人们探索我国农业起源的研究思维飞向了距今9000年的新石器时代早期。

5 别开生面的河姆渡

长江中下游及其支流地区,地势平坦,湖荡纵横,气候温暖潮湿,动植物资源丰盛,生存环境优越,考古学者一直认为人类对它的开发要晚于黄河流域。长江下游地区的新石器文化研究尽管开展得较早(在1934年发现了浙江吴兴钱山漾遗址,1936年发掘了余杭良渚遗址），50年代后期至60年代发现了大批在70年代才搞清楚的属马家浜文化、崧泽文化、良渚文化的遗址），但受传统观念的影响，在没有得到绝对年代数据支持以前，普遍将这里发现的新石器文化遗存的年代定得较晚，认为这里的文化较为落后。1973年浙江余姚河姆渡遗址的发掘，改变了人们对这一地区新石器文化的偏见。

1973年盛夏，在杭州湾南口岸四明山下的姚江北堤旁，现今的河姆渡村人正在赶建排涝站。当工程掘进地下3米时，不意发现大量乌黑的陶器碎片、鹿角和各种动物骨骸的混合堆积物。这一发现为终世默默无闻的河姆渡村大发光彩。浙江省文管会、浙江省博物馆立即赶赴这里进行调查试掘，发现了年代较早的新石器文化遗存。于是，浙江省第一个新石器时代遗址的大规模发掘计划就在这里付诸实施。至1978年，对这里进行了两次大规模发掘，发现了一种与黄河流域的原始文化面貌完全不同的稻作农业文化遗存，其年代早至距今7000年，使得我国新石器文化研究别开生面。

河姆渡遗址有4个文化层，其中位于最下的第四层，文化内涵最为丰富，但发掘也最为艰难，发掘者几乎是成天在跟乌黑的泥浆打交道。然而，这种地层条件却保存了大量黄土地带不能保存的木作构件与骨器，最终揭露了距今约7000年适合于潮湿地带生活的房屋居住形式，这就是别具一格的木构干栏住宅，即高出地面的高脚房。当时的木构干栏住宅已相当先进，由木桩、柱、梁、板等构成，由树木加工成这些木构件，需要掌握一定的木作工业技术。不仅如此，当时还发明了榫头、卯眼等细木工榫结合的技术，其中燕尾榫、带销孔的榫以及企口板的应用，标志着当时木作工业技术的突出成就。发现的最大一栋干栏式房屋，室内面积在160平方米以上，其内分隔成若干小房间，并设有前廊通道。干栏式建筑是中国长江以南地区的重要建筑形式之一，现今在南方偏僻的地区还能见到，河姆渡遗址是这种建筑形式的最早发现。

发掘中令人惊喜不已的是在建筑遗迹范围内，在废墟的灰烬、灰土及烧焦的木屑残渣中，到处可见到保存完好、色泽新鲜的稻谷、稻秆、稻叶。有些稻谷颖壳上的纵脉和稃毛还清晰可辨，但一经出土，瞬息间就变为黑褐色。有的地方这种混杂堆积厚达20至50厘米，最厚处超过1米，其数量之多，前所未见。经科学鉴定，这些稻遗存主要属于人工栽培稻籼亚种晚稻型水稻。

出土物表明，当时代表性的水田耕作工具主要是骨铲，也有木耜。饲养的家畜有猪、狗，可能还有水牛，猪的形象还作为丰收吉祥图案标志在陶器上或被制成陶塑模型。手工业除木器、陶器制作业外，还有骨器制作和编结纺织等。编织可能已使用原始腰机，发现的芦席残片是采用二经二纬的编织法。制作的骨器广泛使用于生产和生活领域，其中刻有双鸟朝阳图案的蝶形器、凤鸟形匕状器、似蚕纹的小盅等，显示了当时的精湛艺术。外表涂生漆的木碗，是中国迄今发现的年代最早的漆器。

河姆渡遗址的发掘,以其丰富多彩的稻作农业、家畜饲养以及手工业遗存,展示了长江下游地区在距今7000年前后就拥有已充分发展的农业文化成就。这一发现不仅改变了只有黄河流域才是中华远古文化摇篮的传统观点,而且告诉人们,人工栽培稻谷的起源远在距今7000年以前。

河姆渡遗址的发掘还促进了对太湖文化区的认识,由此将太湖地区距今7000年至4000年前的新石器文化编年体系,定为河姆渡文化、马家浜文化、崧泽文化、良渚文化。尽管后来对浙江桐乡罗家角遗址的发掘修正了这一看法,将马家浜文化提早至距今7000年,河姆渡文化仅分布于宁绍平原地区。但是太湖地区新石器文化编年体系开始从大青莲岗文化中独立出来,为正确认识江淮地区及宁镇地区新石器文化编年体系奠定了基础。

河姆渡遗址的发掘,是长江下游地区新石器文化研究大放光彩的一章。

6 彭头山上爆出大冷门

河姆渡遗址的发掘收获,一下子将人们研究稻谷起源的眼光集中到太湖地区。历史上曾多次记载太湖地区生长有野生稻。野生稻的存在是人工栽培稻谷起源的基本环境条件。现今河姆渡遗址发现了距今约7000年的人工栽培稻,似乎已经说明这里是人工栽培稻谷的起源地。然而历史总是捉弄人们。正当人们醉心于太湖地区的重大发现，埋头于太湖地区稻作起源的研究而苦苦不得新进展之时，位于洞庭湖平原西北部的澧县彭头山上却爆出了一个大冷门，那里发现了距今9000年前后的稻谷遗存。

洞庭湖平原与其北面的江汉平原合称两湖平原。早在1955年至1957年，中国科学院考古研究所派出的田野队在江汉平原的中心区，与湖北省文管会联手进行大量的工作，发掘京山屈家岭、天门石家河遗址，首次发现了江汉地区土著文化遗存，其年代约距今5000年至4000年，并发现了人工栽培的稻谷壳，揭启了长江中游新石器文化研究的序幕。1959年至1960年，在对鄂西北的郧县青龙泉等遗址的大规模发掘中，再次发现了这类文化遗存。后来的发现，将这种文化遗存推广到整个湖北境内，向南伸入到洞庭湖平原。1959年，四川省文管会与四川大学历史系在川东长江巫峡边发掘了巫山大溪遗址，刻意探寻四川地区的土著文化。然而后来的发现与研究表明，大溪遗址的文化遗存主要属于两湖平原，与四川盆地的土著文化无缘。1978年以后对湖北枝江关庙山等遗址的大规模发掘，基本上确立了两湖平原距今6500年至4000年前的新石器文化编年为大溪文化、屈家岭文化、石家河文化。

1977、1981年，湖南省博物馆对石门皂市遗址的两次发掘，使两湖平原的新石器文化研究开始进入新的时期。那两次发掘1000多平方米，发掘的初衷是探索商代遗存。但是发掘的结果，在遗址的最下层居然发现了一种未曾见过的文化遗存，有造型别致的陶器和一批磨制石器及细石器。经对测年样品的测定，其年代果然在距今 7000 年前。后来根据在皂市遗址发现的这些文物特征，在湘西北一带相继发现了 10 多处这种文化遗存。1984 年冬在临澧胡家屋场的发掘中，终于发现了当时居住的房屋残迹和稻谷遗存，以及猪、牛、羊的骨骸。与此同时，1981、1983 年，湖北省博物馆在湖北秭归柳林溪、宜都城背溪也发现了距今 7000 年的文化遗存，在长江西陵峡内外又发现七八处这种文化遗存。湖南、湖北两省为探索 7000 年前后及更早的文化遗存，一方面在洞庭湖平原西北部展开了文物普查，寻找突破点；另一方面则进军长江三峡水库淹没区。不少探寻者及局外人寄希望于三峡地段。

1988 年，湖南省文物考古研究所在探寻皂市下层这类文化遗存的过程中，于澧县彭头山遗址上发现了一种文化面貌较皂市下层更为原始、古朴、粗放的陶片。探寻者吸取中原裴李岗文化遗存发现若干年后才被识别的历史教训，在发掘该遗址前，先采集了一些陶片送北京大学考古系进行碳 14 年代测定，结果为距今 8000 年至 9000 年。这使他们对遗址的发掘结果充满信心。

1988 年 11 月，他们在遗址上发掘 400 平方米，发现了地面起建的居住址、18 座墓葬、灰坑等遗迹和器型硕大、造型单一的陶器及细石器、磨制石器等遗物，同时还发现了夹在陶片中已炭化了的稻壳和稻谷，给予执著的探寻者一个圆满的回报。

研究表明,距今 9000 年的彭头山文化时期,这一带的环境主要是森林、草原,人们的经济生活仍以采集、渔猎为主,陶器的制作尚处于较原始的泥片贴塑成型阶段,稻作农业处于辅助地位。彭头山遗址的发掘,为长江以南地区新石器时代中期文化遗存的研究,树立了一个标尺。

7 不甘寂寞的辽河

现今的辽河流域,尤其是西辽河流域一带,气候与环境都不如黄河、长江流域那样适宜于农作物的生长。所以在 70 年代以前,人们不曾想到这里可能存在有早期农业文化。对新石器文化的研究大体限于红山文化和 1962 年发现的富河文化,年代都不超过距今 6000 年。然而,1973 年沈阳新乐遗址的发现,开始扭转了这种研究失衡的局面。

1973 年 6 月,沈阳市文物管理办公室在对沈阳市北郊的考古调查中,于新乐工厂宿舍院内发现了一种含煤精制品的文化遗存,这在他处极为罕见。当年 11 月即行发掘。发掘结果出乎意料,与煤精制品共存的有细石器和较为原始的陶器,以及加工粮食的石磨盘、磨棒。这种石磨盘、磨棒曾是中原地区探索早期新石器文化的主要线索之一。1977 年,中国社会科学院考古研究所测定了这批文化遗存中的木炭,其年代距今 6800 年前,新乐遗址是当时所知辽宁地区年代最早的新石器文化遗存。他们马上又进行了第二次发掘，揭露出一座可能是因意外事故被毁的房屋遗址。这一意外事故比较完整地保存了这座房基及其屋内的一些用品。这座房屋为半地穴式，长11.1米，宽8.6米，总面积95.5平方米，四墙立柱34根，沿墙内四角又有4根大木柱，屋中央为火膛，在中央火膛四周还有6根立柱。这些分内外三层的大大小小立柱，支撑起近100平方米的房屋屋顶。屋内存留的物品除石工具、陶器外，还有鸟形木雕、玉器、煤精制品等工艺品。最为重要的是，在一浅坑内发现了大量尚未研磨加工的炭化黍。这座房屋遗存表明，距今7000年前后的新乐人不仅掌握了黍栽培与加工食用，并且还追求美的生活，具有一往无前的开拓精神。

如果说新乐遗址的发现，吹响了这一地区探索新石器时代中期文化的号角，那么1983年后对兴隆洼遗址的发掘及其年代的辨认，最终使人们对这一地区探索绿色革命的成果刮目相看。

70年代末80年代初，中国社会科学院考古研究所内蒙古工作队对现今环境条件十分恶劣的辽河上游一带的赤峰市和哲里木盟地区进行了全面的考古调查与探索，并在赤峰市附近发现了几片未曾在红山文化、富河文化中见过的饰有压印复合纹饰的陶器碎片。1982年，他们在敖汉旗文物工作部门的配合下，在宝国吐乡兴隆洼村东南再次发现了这种陶片，而且这里还有一处面积较大的遗址。为了探寻这种陶片的奥秘，他们于1983年发掘兴隆洼遗址，结果获得了意外收获，发现了一座可能保存完好的原始聚落址。1984年的再次发掘，获得了这一聚落址的年代早于约距今6000年的红山文化遗存的证据。同年对聚落址年代测定的数据也支持这一看法，其年代距今约七八千年。10年后，发掘者完整地揭露出一座距今七八千年的农业文化的聚落废墟。

兴隆洼聚落址呈不规则圆形，直径约166至183米，四周以大沟环绕，沟宽约1.5至2米、深0.55至1米。聚落址内的房址有百余座。房址大小不一，大的面积近140平方米，小的面积约20平方米。室内设有烧灶，有的房屋内还设有窖穴。房屋内出土的生产工具主要有锄形器、铲、斧、凿、磨盘、磨棒等石器，也有骨锥、骨匕、鱼镖等骨质工具；生活用具主要是罐、钵等陶器，器型较为简单。这些房址大体呈西北—东南方向排列，共约10排，每排约10座房屋，次序井然。

兴隆洼遗址的发现，继长江下游地区的河姆渡遗址发掘之后再一次证明：并不仅仅是黄河流域才是农业文化的摇篮。

8 华南的启示

我国的华南地区，峻岭起伏，石灰岩洞穴很多，而且气候湿热，植被茂盛，是人类理想的以采集、渔猎为生的天然场所。所以许多人认为这里的原始文化比较滞后。但是江西万年仙人洞和广西桂林甑皮岩的发现及其年代的确认,却给绿色革命的探索增添了许多有益的启示。

仙人洞洞穴遗址于1962年2月发现,在下文化层中发现了12处烧火堆、3个人头骨及一批骨石器,并发现了制作原始的红陶罐碎片、穿孔石工具等,表现出当时的生产活动主要为渔猎和采集经济。

仙人洞的文化面貌十分原始,继承了旧石器时代晚期人类的生活方式,但出现了磨制石器和陶器,地质时代已进入全新世时期。这些现象为准确判定其年代造成了许多困难。起初由于在赣江流域缺乏确切的可资比较的新石器文化遗存,因此认为其年代较晚。至80年代,新余拾年山、靖安郑家坳、樟树樊城堆等遗址的发掘,初步建立了赣江流域距今6000年至4000年的新石器文化编年为拾年山、樊城堆与江西龙山期文化的年代序列。仙人洞的陶器与拾年山的陶器比较,具有显著的原始特征。从这一启示出发,仙人洞遗存的年代显然不会太晚,有人据对测定的绝对年代数据的综合分析,相信其年代早至距今八九千年。

1973年对甑皮岩洞穴遗址的发掘,为华南早期新石器文化的研究带来了转机。那里发现了距今9000年前葬式特殊的墓地,清理出18具人骨。出土的石工具中,打制石器与磨制石器并用,并发现了一堆为制作工具而存放的石料,还有陶器、收割用的蚌刀和骨质渔猎工具;尤其是出土了人类饲养的家猪骨骸,表明当时可能有原始农业。这些发现开始改变人们对华南地区农业文化产生较晚的陈见。

仙人洞、甑皮岩遗址的发掘，将华南新石器文化研究推到了距今9000年。它们一次又一次地向人们提示，华南地区野生植物丰富，是人类对植物栽培和控制的有效试验场所；这里又有天然的居所，有定居条件。所以，这一带很有希望寻觅到人类最初栽培植物的遗存。

9 最新的线索

1986年，河北省徐水县高林乡南庄头村在砖场取土中出土了一些石器和碎陶片，闻讯赶来的县文化局、文物管理所工作人员在这里采集了不少动物遗骸和石磨盘、石磨棒、陶片等，经对两块陶片标本的年代测定，年代约1万年。河北省文物研究所于1987年8月在此试掘50平方米。这一面积不大的发掘，经考古、植物、动物、年代、地质等多方面专家的共同研究，证明早在1万年前就已出现了原始制陶业，而且还可能饲养了狗和猪，具有人工栽培粮食作物的植被条件。

90年代，科学家对稻作农业起源的研究获得重大突破。1993、1995年在江西万年仙人洞与吊桶环新发现了1万年前的近栽培稻或栽培稻的植硅石和可能为农业工具的双孔蚌器等，在湖南道县玉蟾岩还发现了约1万年的古栽培稻谷壳和盛物的陶器与可能用于掘土的骨铲等。这一重大发现引起了人们对稻作农业起源与早期发展形式的重新认识。考古学家据此研究推测：稻作农业大约在公元前1万年起源于包括野生稻在内的自然食物来源充足的中国南方腹心地带，于公元前7000年后发展于富裕的食物采集文化区边缘的两湖平原西部地区和钱塘江流域，并逐步向淮河流域推进。

三　原始村落再现

新石器时代是氏族社会走向繁荣的时期。但是自1921年仰韶遗址发现后的30多年里,由于缺乏对史前遗址的全面考察和大规模的发掘,对于我国新石器时代人们实际生活活动的情景、聚落形态、氏族制度等都无从了解,在中国史前史研究上留下了大段大段的空白。因此,揭露新石器时代的村落居址,探索当时的氏族社会制度,充实中国史前史的内涵,是新中国史前考古研究的一大重要任务。经过40多年的努力,我们对那个时候村落的生活情景的认识,越来越接近历史原貌了。

1. 半坡遗址树丰碑

50年代初,在陕西关中地区的考古调查中发现了40多处新石器时代遗址。关中地区是我国新石器时代田野考古工作进展最快的地区。但是当时在这些遗址上只零星采集了一些陶、石器等文物标本。1953年9月,中国科学院考古研究所西安工作队对1953年春由西北文物清理队发现的位于西安市东北郊、浐河东岸800米的半坡遗址进行了详细的调查，发现该遗址高出今河床约9米，范围南北约200米、东西约100米，文化层厚达3米，由此认识到这里是一处地理位置十分优越、可能保存很好的原始聚落址。1954年秋，对该遗址进行了首次大规模发掘。

对半坡遗址的第一次发掘，就采用了十分科学的全面揭露的发掘方法。发现有成片保存基本完好的房屋基址、烧火灶坑、储藏什物的窖穴、饲养牲畜的圈栏遗址、封盖严实的满罐小米，以及大批石工具、陶器用品等。其中彩陶纹饰绚丽多姿，有形态各异的鱼纹、人面纹、人面衔鱼纹等。这些丰富的发掘物品都是首次从地下出土。半坡遗址的发掘，对关中地区新石器文化的研究、黄河流域仰韶文化不同类型的识别，乃至于中国原始社会史的阐述等等，都将具有关键性的意义。于是，更大规模的发掘便接二连三地在这里展开。

至1957年夏，前后3年共发掘5次，揭露1万平方米。共发现较完整的房屋基址40多座、成人与小孩墓葬200多座、70多米长的壕沟一段、烧制陶器的窑址数座，以及各类生产工具、生活用品近万件，并且对出土的人骨进行了年龄、性别和种属的研究，对出土的兽骨及泥土中所含的孢粉也进行了分析，以便复原当时村落的环境。这是我国考古研究中首次进行的史前聚落环境的考察，为30年后重提的史前环境考古研究积累了经验。

经数年发掘所获得的这么多的遗迹遗物,仅再现了村落废墟的一角,然而研究者却据此窥见了当时村落的全貌。半坡遗址的发掘,为黄河流域新石器文化的研究树立了一座丰碑。它不仅确立了仰韶文化半坡类型的区分,而且为了解我国距今6000多年前的原始村落开启了一扇窗户。它所体现的原始社会人们生活活动的情景曾编入教科书,是我国唯一家喻户晓的原始社会聚落遗址。

完整的姜寨村落址

1972年春,陕西省临潼县姜寨村一农民在村旁梯田中平整土地时,从地下刨出一些古代的陶器残片与石器。西安半坡博物馆考古队经对遗址的详细勘察,发现原有5万多平方米的遗址仅存下2万多平方米了。这2万多平方米是遗址的中心区域,文化层保存较好,内涵相当复杂丰富,十分典型。经过8年的挖掘,他们最终在这里揭露出一个基本完整、距今6500年前后的村落址来。

起初姜寨遗址的发掘者并不曾希望揭露出一个比半坡更完整的村落址。所以他们一开始就在遗址的东部一角做了小规模发掘,发现了一片墓地、一座陶窑。接着他们又进行了第二次发掘,仍然是小规模的,结果揭露了一片完整的墓地,同时还发现了一座大房子的局部和一段大壕沟。为完整揭露大房子,第三次发掘势在必行,结果在大房址附近又清理出成批小房址及向北延伸的大壕沟。这些房址的门一律向西开。它提醒发掘者，三次发掘仅仅发掘出村落址东面的一小部分，村落址的绝大部分还在地下。于是，发掘者依据半坡村落址布局的经验，在遗址的北部、西部、东部乃至南部进行了大规模的全面揭露，发现了由大壕沟环绕的东西南北分布的成批成片、大小不同的房屋基址。这些房屋基址的大门一律开向遗址中央，即便是靠近河边或者是背向阳光的房屋也不例外。遗址的中央是什么呢？当年半坡遗址的发掘并没有揭露村落址的中央。村落址中央有大型建筑设施吗？是祭祀场所吗？还是一无所有的空旷广场呢？无数个可能在发掘者脑海里回荡。然而对村落址中央的首次大规模发掘，结果却使人沮丧，那里发现了成批的墓葬。后来伴随着发掘规模在中央区的进一步扩大，墓葬的数量也越来越多，达到180多座，出土了2000多具人骨，到处是累累白骨、坛坛罐罐。难道当时村落的居民将房屋大门开向村落中央，为的是天天看望这千余具尸骨？后经仔细分析研究，终于真相大白，原来这些墓葬是在村落废弃后形成的，当初的村落中央是一个广场！

至1979年，经11次发掘，共发掘17000多平方米，姜寨村落址的全貌终于被彻底揭开。这个村落址是在距今6600年至6400年间，经过前后多次增建、扩建，最后形成居住区、公共墓地、窑场等三个部分的原始村落。

居住区位于中部，呈椭圆形，面积约26000平方米。东、北、南三面挖设大壕沟环绕,作为对外防御设施,西南部则以临河作为天然屏障。壕沟内侧每隔一定距离设一小房子作为哨所,以瞭望村外情况。居住区的正门通道在西南部,紧靠临河。临河是居民日常生活的水源,也是捕鱼的主要水域,制作陶器的作坊和烧制陶器的窑场也设在河旁。

居住区中央为一空旷的广场,面积约5000平方米,是集体活动的公共场所。靠广场西边,设两处面积约50平方米的家畜圈栏。环广场四周,分五个方位建造房屋五组约100座。每组房屋约20座,以大型房屋为主体,周围环绕中、小型房屋,每座房屋的门都开向中央广场。大房屋面积近百平方米,最大的一座达124平方米,室内设灶坑、灶台,置有生产工具和生活用品。这种大房屋除作为居舍外,可能还是当时的议事中心。中型房屋面积一般在20至40平方米。小房屋数量最多,面积约15平方米。中、小型房屋内亦有灶坑及日常生产、生活用具,都是当时的居舍。储藏食物、用具的窖穴大都在房屋附近。

公共墓地位于大壕沟以东,由北而南发现了3片。墓地中埋的都是成年人,而婴儿大都装入大型陶器中埋于房舍附近。3片墓地共埋入170多人,这些人数与村落的规模是不相适应的,因此可能另有其他几片墓地已遭破坏。

姜寨村落址的再现,为研究黄河流域距今6500年前后的村落形式及其体现的社会形态,提供了较半坡遗址的发掘收获更为丰富、更加翔实的素材。研究者推测，村落中以大房屋为主体的一组房屋，其居民可能是当时社会最基层的生产、生活单位，而5个这样的社会基层单位组合成这个村落集体。姜寨村落址的总体布局，充分体现了当时按组管理、众心向一、共同劳作、平等分配的原始大农业的生活场面。

姜寨遗址的发掘，是我国自半坡遗址发掘以来，原始聚落址考古发掘研究所取得的最为辉煌的成果。它所揭示的原始社会村寨生活的一幕，是迄今为止我国通过考古发掘获得的唯一完整的原始社会时期的巨型画卷。

3. 奇特的下王岗长屋

下王岗长屋位于群山环抱的河南省淅川县丹江水库淹没区内一低岗上，东、南、北三面丹江环绕，地势独好。它的发现确实使人大开眼界，但当初的发现过程却颇为熬人。

起初，河南省博物馆、长江流域规划办公室文物考古队河南分队为抢救丹江水库区内的地下文物，于1971年5月对下王岗遗址试掘60平方米，发现有仰韶文化、屈家岭文化、龙山文化依次堆积的遗物和部分仰韶文化的墓葬。1971年11月开始对遗址进行正式发掘，果然发现大批分层埋入的仰韶文化的墓葬；同时还发现了一座东西并列的双间式房屋基址。这座房址叠压在墓地之上，东西两边似乎还连接有建筑遗迹。后来发掘证实，这两间房址是整个长屋中段的一小部分，但在当时并未引起重视。为搞清楚整个墓地，于1972年4月开始了第三次大规模发掘，这次发掘顺着已发现的那两间房址的东西两边展开。随着发掘范围的不断扩大，这座房址的长度也在不断延伸。到1974年，当发掘的东西长度范围达到80多米的时候，一座完整的长屋基址便横在眼前，它宽8米，全长84米。

下王岗长屋是我国新石器时代居址发掘中绝无仅有的发现。长屋为地面建筑，大体呈东北—西南向排列，横贯遗址中部。84米长的长屋隔成29间，另在长屋东端向南拐出3间。整个建筑分作20个单元，每个单元都设一个通向户外的门道。单元结构有4种形式：第一种是一个门厅、一个内间，即一室一厅；第二种是一个门厅、两个内间，即两室一厅；第三种是一个门厅、一个外间、一个内间，即一室两厅；第四种是一个门厅、一个外间、两个内间，即两室两厅。每个单元房的室内面积约15至39平方米不等，烧火的灶坑都设在内间。长屋的大门都面向东南，东端向南拐出3间房屋的大门面向西南，门宽约56至125厘米，有的门槛还清晰可辨。屋墙以木柱架荆笆建成，壁面用草拌泥抹平。室内居住面垫上土，有的地方铺设竹片编物。地面和墙角都经火烧烤，比较坚硬。在长屋的前后有用红烧土铺垫的硬面，作为活动场所。

下王岗长屋的平面结构，已符合相当先进的房屋设计原理。它传达给今人的信息是：这种一体建筑的居住形式所反映的当时社会组织结构，较半坡村落址那种既分散又集中的居住形式所反映的社会组织结构要进步许多。这栋长屋横贯遗址中部,可知是当时村落的主体建筑。生活在这栋长屋内的居民,是当时这个聚落点的主要的社会活动集体。这栋长屋可能就是一个大家族成员的居所,而各个单元房屋则是一个独立的生活单位,可能就是一个大家族下各个家庭成员的居舍。由此可以推测,在距今5500年前后,这种以大家族为活动单位的居住形式或村落形式,在大江南北已开始形成。

下王岗长屋的发现,丰富了我国南北方之交地带的文化内涵,对八九十年代在这些地区探寻更为完整的史前聚落形态具有重要的启迪;同时它也是研究中国建筑史的重要资料。而使今日的建筑师们惊叹不已的则是1983年在甘肃秦安大地湾发现的一栋距今5000年前的大型殿堂式建筑址。

该建筑坐北朝南,由主室以及左、右、后3室组成,前面设附属建筑和宽阔的场地。主室东西长16米,进深约8米,室内面积约131平方米,朝南设3个门,正门设在正中间,并设有内门道和外门篷,其左右两侧各开一旁门。值得引人注意的是,主室的地面是采用料礓石烧制的人造轻骨料与胶凝材料铺设的,经检测,其地面还相当于现今100号砂浆水泥地面的强度。整个建筑面积约420平方米,左右对称,主次分明,形成一个规模宏伟、结构复杂的建筑群体。它体现了距今5000年前所具有的令人惊叹的设计工艺成就。

四　文明火花闪烁

　　1977年，中国古文字学家和青铜器专家唐兰提出：中国文明史应从传说的黄帝开始，已有6000年左右的时间，大汶口文化时期已进入初期奴隶制社会。这比通常所认为的古史中夏代的开国时间提早了2000年。唐兰所依据的资料是截至1977年的考古新发现，尤其是山东大汶口文化的发掘资料。

　　瞬间，史学界掀起了一场对唐兰观点的大讨论。这次讨论结果，虽然没有确立唐兰的观点，但催发了人们对中国文明起源时间与地点的深思。1983年，夏鼐指出要在新石器时代晚期遗存中寻找文明因素。80年代，各地新发现了一批距今四五千年前的文明因素，最终形成了探索中国文明起源的研究热潮，成为八九十年代中国考古学研究的特点之一，对中国远古历史的研究和中国考古学的发展，都产生了巨大的影响。

1　五千年的历史性会面

　　70年代末，辽西地区开展了全面文物普查，新发现新石器时代遗址近 500 处，其中位于喀左县大城子镇东山嘴村北山梁前端的一处遗址格外引人注目。

发掘者在这里发现了一组南北 60 米、东西 40 米的石砌建筑址，出土了小型孕妇等陶塑人像。引人瞩目的出土物中，还有极为少见的双龙首璜形玉饰和绿松石饰。这一发现顷刻解开了 1971 年在内蒙古翁牛特旗三星他拉村发现的玉龙和 1973 年在辽宁阜新胡头沟发掘的玉器墓葬的年代问题，它们都属于距今 5500 年前后的红山文化。当发掘者孙守道将这一初步发掘结果在 1981 年杭州召开的中国考古学会第三次年会上一经被宣读，便语惊四座：原来作为中华民族文化象征的龙的形象，早在距今 5500 年前后就出现于西辽河流域了。这一发现，为中国文明起源的研究开辟了新的研究渠道。据此，研究者第一次将红山文化的研究和中国文明起源问题的探讨联系了起来。

1982 年春，辽宁省博物馆再次大规模发掘了该遗址，终于弄清楚该遗址是一处祭祀址。东山嘴祭祀址，是以相当讲究的石材加工砌筑而成，占地面积约 2400 平方米。该建筑按中轴、两翼分布，在中轴线的北部是一座方形祭台，东西长 11.8 米，南北宽 9.5 米，其内耸立着许多大石条，石条高约 85 厘米，向上一头为锥形，排列密集，双龙首玉璜就出于该祭台上。中轴线南部是一圆形祭台，直径约 2.5 米，台内原置有一群小型裸体孕妇塑像和几个大型坐式人物塑像，出土时都倾倒在祭台外侧，头部大都残缺，通体打磨光滑，身上似涂红彩。这类塑像在我国是首次发现，是当时祭祀的对象，可能是祈求丰产或祖先崇拜的偶像；方形祭台上的大石条可能是又一种祭祀对象的象征物。发掘表明，这里是距今5000多年前人们从事祭祀活动的中心场所。

东山嘴祭祀址的发现，揭开了红山文化研究的崭新一页，也使研究者产生了种种疑团：一是，东山嘴祭祀址规模如此恢宏，结构如此先进，与它相适合的社会组织将是怎么样的规模？在它周围有无这个社会组织的其他遗迹遗物？二是，出土的裸体无头女塑像是我国的首次发现，这种文化风格的历史背景是什么呢？为解答这些疑团，辽宁省博物馆在邻近的喀左、建平、凌源三县进行了广泛的考古调查与发掘，最终在牛河梁踩出一个人头像，迎来了与5000年前女神像的历史性会面！

女神像坐落在位于凌源、建平两县交界处的牛河梁主梁北山丘顶部平台上的祭祀性建筑址内。环该建筑址的西北至东南约1000米半径的山丘上，分布着数处积石冢遗址；以南4公里，遥对一座山势突兀、形似猪首的山头。最初谁也不曾想到，现今无人光顾的牛河梁周围，在距今5000多年前是人们朝拜的圣地。

1983年9月，辽宁省文物考古研究所辽西发掘组的成员，决定移兵至东山嘴遗址西北约50公里的牛河梁。他们首先在牛河梁公路与铁路之间的第二地点，清理了一座被水冲开的石棺墓。这座石棺墓形似一座方台，边长3.6米，高0.65米，台上堆积有很多石块，墓室在方台之中。该墓规模巨大，结构复杂。年近花甲的孙守道断定它不是石棺墓，可能是积石冢，发掘积石冢应将周围所有含石块的堆积遗迹全部揭露。当110余米长的积石全部暴露在地表之后，果然是4座东西向一行排列的积石冢，中间的2座，一为方形，一为圆形。

方形积石冢东西长17.5米，南北宽18.7米，残高约1.4米；东、西、北三面以大石垒砌外墙，墙上覆盖积石，墙内积石近3米宽、1.2米高；冢中央为方台石棺墓室。圆形积石冢由内外三圈淡红色石柱围成，呈内高外低的圆坛；圆坛外圈直径约22米，内圈直径约11米。此圆坛可能具有墓祭性质。西边的一座积石冢为长方形，东西长26.8米，南北宽19.5米，设有内外石墙；在内墙内侧发现一排24件彩绘红陶筒形器，可能具有特殊用意；在南内墙外，埋葬着15座石板墓。在这些墓中出土了许多玉器，其中玉猪龙等玉器的出土，为说明这里气势磅礴的遗址群与50公里外东山嘴祭祀址存在的密切关系一锤定音。后来依据对牛河梁第二地点积石冢发掘的经验，确定了其他几个山丘上的石块堆积遗迹也为积石冢，有的积石冢的规模更大，直径达60米，高16米。

1983年10月，考古队员鬼使神差般地走向了距积石冢1000米、由众多积石冢环绕的牛河梁北山丘顶部。这里是一个大平台，面积约28000平方米。在大平台东缘、南缘还可见有石墙，其中东石墙长85米多。这里地势很适合于营造建筑物，因此考古队员立即想到了红烧土。然而他们找到的红烧土块都奇形怪状，有圆的、半圆的、圆棍形的，有弯曲的，也有扁平的，有的红烧土块内还夹有干草筋等。经仔细琢磨、摆动这些红烧土块，一个人形隐约可见。这些红烧土块原来都是人塑像的各个部位，如手、腿、肩膀、鼻、耳、乳房，等等。发掘立即进行，一座5000年前的祭祀性建筑址终于再现了。

1983年10月31日，发掘人员在清理祭祀性建筑址的主室西侧北壁时，发现了一件似头部的塑件，它被树根缠绕着。东山嘴祭祀址内曾发现众多陶塑像，但都没有头，至今在牛河梁这座神庙址上发现的人像塑件也未见有头。当他们一根一根地剪断树根，小心翼翼地双手捧出人头像时，个个惊呆了。头像和真人一样大小，双唇涂朱，两颊涂红，色彩鲜艳，眼窝里镶嵌着淡青色圆玉片，炯炯发光。这是一具女神头像！

祭祀性建筑址结构比较复杂，由一个多室或一个单室两组建筑组成。多室在北，为主体建筑，南北长18.4米，东西残宽6.9米。主室位于该建筑南北中心部位偏北处，平面略呈圆形，室内依次坐落着大小不同的6个女性塑像，最大的人塑像居中，约有真人的3倍大小，那件双眼镶圆玉片的女人头塑像居其侧旁。这些女人塑像的位置有中心、层次之分，应是当时供奉的女神。在主室的东、西、北三面各有一室与主室相通。单室建筑位于多室建筑以南约2米处，面积约16平方米。这组建筑址中发现了彩绘图案装饰的墙皮。图案以赭红间黄白颜色交错绘成，有三角形几何纹、勾莲纹等。

至1985年,牛河梁这片神秘的世界终于被揭开。这里是距今5500年前后红山人依山就势,建筑了以祭祀性建筑址为中心、数十座巨型积石冢环绕的圣地。它们与50公里外的东山嘴祭祀址一起,构成了具有等级关系的人间神界。

良渚升起一颗启明星

当人们正喜于红山文化的重大发现时,居住在太湖地区距今4500年前的良渚人发出了震耳欲聋的呼喊。那里,良渚文化的高台土冢、祭祀墓地、迷人的玉器墓,以及巨型建筑址等的频频发现,形成了在中国文明起源问题研究中"逐鹿中原"的态势。

良渚文化主要分布在太湖地区及其南部的杭嘉湖地区,因1936年对浙江余杭良渚遗址的发掘而得名。后来因缺少对大型遗址的大规模揭露,研究进展一直不被重视。1983年至1984年,上海市文保会对青浦县福泉山遗址的大规模揭露,开始将良渚文化研究推向一个新的阶段。

福泉山遗址早在1979年做过试掘。1982年11月为配合筑路,在遗址上清理了一座墓葬。这座墓的随葬品相当丰富,有119件,以玉石器为主,有石钺、玉钺、玉锥形器、玉镯、玉臂饰、大玉璧、玉琮,等等。其中一件玉琮晶莹碧绿、外表细刻繁缛的兽面纹,至今仍然是我国4000年前玉器中的罕见精品。1983年发掘者在福泉山遗址上布下了1000平方米的探方。到

1984年，再次发现了墓葬10座，获得了更为丰富的大批珍宝，有精工细雕的玉器、形状新颖的石器、豪华的陶器，等等。更为重要的是，他们发现这座高约7.5米、南北宽84米、东西长94米的小山，竟是人工堆筑起来的，是距今4000多年前的良渚人，在距今5000年前人们生活的地面上专为营造豪华的墓地而用人工堆筑起的约16000立方米的土台。

在太湖地区分布有不少这类土台，但以往一直未把它作为良渚文化时期的遗存。1973年，在江苏吴县草鞋山发现了刻有兽面纹的小玉琮，开始确认它是距今4000多年前的良渚文化玉器；1982年在武进寺墩发现了近60件大型玉璧、玉琮围裹人骨架的玉殓葬现象，引起了人们对良渚文化社会发展阶段的重新思考。但是，那两次重要发现都没有将良渚文化墓葬与墓葬所在的遗址形态进行综合考察。现在依据对福泉山遗址的发掘经验，可知这类高墩土台大都是良渚文化时期上层贵族的墓地，它含有丰富的、体现距今4000多年前良渚文化时期最高科技文化成就的大量珍贵文物。

于是，一个良渚文化研究热潮悄然兴起了。1986、1987年，浙江省文物考古研究所对浙江余杭反山土冢、瑶山祭坛墓地的发掘，将良渚文化研究推向了高潮，并至今持续不衰。

反山土冢位于余杭县雉山村南侧，是迄今发现规模最大的良渚文化人工堆筑的土台。现存的反山土冢，东西长90米，南北宽30米，高4米。1986年在反山土冢西半部发现了11座墓葬，规模都较大，一般长3

米，宽 2 米，深 1.3 米左右，墓内原可能有外表涂朱的木棺。每墓都随葬有相当丰富的珍贵文物，种类有玉器、象牙器、漆器、陶器、石器等，其中珍贵的玉器成批出土，一墓最多有 170 件（组），铺满墓室。11 座墓出土玉器 3200 多件，种类主要有琮、钺、璧、璜、佩、镯、冠饰、三叉形器、瑗、牌饰、杖饰、带钩、串珠以及鸟、鱼、龟、蝉等，大都精美绝伦。其中琮、钺、璧等玉器是当时的高级礼仪用品，最大的一件玉琮，高 17.6 公分，射径 17.1～17.6 公分，重达 6.5 公斤，是迄今发现的玉琮之冠。

发人深省的是，在琮、钺、冠状饰以及三叉形器等玉器上，通常雕刻有繁缛的图案装饰，其中最主要的一种是繁简不一的神像图案。完整的神像图案为阔嘴露齿、宽鼻、圆目睁睛，满首羽冠飘然，耸肩叉腰，腰系饰带，鸟足蹲踞，全身以兽面纹装饰。这种神像有的极小，需借助放大镜方能观察，但刻纹线条流畅、细如毫发，体现了距今 4800 年前太湖地区的玉雕技术已达到极高的境界。整个神像图案似神、似人，又似兽，威严无比，传达了良渚人的信仰与追求。将这种神像雕刻在由当时的上层贵族所执的玉琮、玉钺等重器上，充分体现了在良渚人的意识中存在着一个神灵世界。

反山土冢的发现，是良渚文化研究 50 年来所获的重大突破。它第一次显示了距今 4800 年前后良渚人的精神世界与高度发展的物质文化。不幸的是，1987 年 5 月的一个夜晚，距反山土冢东北 5 公里的瑶山顶部被人偷偷挖开,一座掩埋了4800多年的良渚文化大型玉器墓惨遭破坏。浙江省文物考古研究所立即组织人员抢救发掘瑶山遗址。结果不仅发现了如反山土冢那样富有玉器的几座墓葬,而且还发现了用三种土色构筑的祭台。

瑶山祭坛为近方形的慢坡状,边长约20米,面积约400平方米,以不同的土色分为内外三重,中心为红色方台,四边长约6至7.7米,红土外围为灰色土填充的围沟,灰土围沟外是用黄褐色斑土筑成的围台,围台面铺砾石,边缘以砾石叠砌。这座祭坛由多色土构成,衬托了祭祀场所的神秘色彩,开了后世多色土祭坛建筑的先河。

祭坛上分两排埋葬着12座墓葬,各墓都出有成批玉器,其中以埋在中心红色土台上的墓葬出土的玉器最多,有的多达148件(组)。这批玉器制作精良,种类与反山墓地出土的玉器相同,有玉钺、玉琮、透雕玉冠、冠状饰、三叉形器等,其上也大都雕刻有神徽。这些墓主以如此丰厚的玉器等高级用品随葬,埋葬在高台之上的祭坛中,表明他们生前很可能是祭祀苍天、大地、神灵的祭师或巫师,是当时集神权、财富和军权于一身的一方霸主。

瑶山祭坛墓地的发掘,彻底廓清了良渚文化将墓葬埋于高墩土台上的文化实质。这是良渚人发明创造的神人合一这种精神世界的物质反映。同时联系到对福泉山、反山遗址的发掘现象,反山、福泉山遗址可能是当时合祭坛与墓地为一体的事神遗迹。这一认识在以后的发掘中得到了多次证实。如：1991年在瑶山附近的汇观山上，又发现一处较为完整的祭坛墓地，范围约1600平方米，大于瑶山祭坛墓地；1993年在远离良渚遗址群的海宁县大坟墩也发现了祭坛墓地，面积不足400平方米，小于瑶山祭坛墓地；等等。

反山、瑶山、汇观山祭坛墓地的发现，使人们对余杭良渚一带分布的众多遗址的认识豁然开朗。这里在30年代就发现过玉器，50、60年代经常出土良渚文化遗物。为了彻底揭开隐匿在反山、瑶山祭坛墓地背后的良渚人的大千世界，浙江省文物考古研究所在良渚建立了考古工作站，划出了良渚遗址群保护区，开始对这里进行有计划的系统发掘研究。当他们的视线横越良渚周围10多平方公里的刹那，一个已消失了4000多年的神秘世界终于隐隐而现：那些埋藏着众多珍宝的反山、瑶山、汇观山祭坛墓地和其他重要遗址，都仅仅是围绕着一个面积约30万平方米的中心遗址而存在。对它来说，反山、瑶山、汇观山祭坛墓地的面积及其营造工程只是点缀它的一个饰件。

1993年，考古队员在发掘这个中心遗址时发现，它是一座以大莫角山、小莫角山、乌龟山及周围高台地为主体的人工营建的巨型建筑址，平面呈长方形，东西长约670米，南北宽约450米，高约3至5米。第一次发掘，就在遗址上发现了千余平方米的大型夯筑基址，基址厚约50厘米，由9至13层泥、沙层间隔夯筑而成。基址上仍可见到成排的大型柱洞坑，柱洞坑的立柱直径约0.5至0.9米。这是一个规模空前的巨型建筑物。如果说反山、瑶山、汇观山是当年良渚人贵族与神对话的禁地，那么这里大概就是良渚人最高统治者向人间发号施令的场所了。

良渚遗址群所反映的高度发达的物质文化为世人惊叹！至今已在江西、广东、山东乃至山西、陕西等地，都发现了良渚文化的兽面纹玉琮等文化遗存，表明那时的良渚人在自己的家园创造了高度发展的文化成就之后，还远涉四方，逐鹿中原，将他们的精神文明融入中华古文化与古文明的大炉之中。

反山、瑶山祭坛墓地和大莫角山巨型建筑址的发现，改变了千百年来对中国古代文明形成模式的认识。它继河姆渡遗址发掘之后，使长江下游地区的考古研究再度独领风骚。

3 巍巍城堡振雄风

据古史记载，早在夏代开国之前，中原地区就活跃着炎帝、黄帝部族，战争连年不断，创造发明层出不穷。他们曾被古人誉为开创中华文明的鼻祖。但是这毕竟是古史中的传说，尚未被证实。现在，辽西、太湖地区距今四五千年前的重大发现震撼着中原大地。因而无数探索者发奋研读淹埋了4000多年的史书，以期揭开中原地区距今4000多年前的历史真相。诸多4000多年的城址，就在这探索之中被发现了。

中原地区第一座距今4000年前城堡的发现，是缘于对夏文化的探索。

1975年，河南省博物馆文物工作队组成探索夏文化工作组，寻找史籍所记夏代开国国君大禹所都的阳城。在多次考古调查、钻探的基础上，他们于1977年春，在登封县告成镇西约1公里的一个俗称"王城岗"的遗址上布开了4个小探方。他们在遗址的下部，发现了距今4000多年的夯土层和基础槽，并逐步扩大发掘范围。至1981年春，在发掘了8000多平方米后，终于弄清了王城岗遗址上的夯土层和基础槽是两座东西并列城址的遗存。

王城岗两座城址的范围都不大，各约1万平方米。其中东城的平面可能是正方形，城墙大部分已被河流冲毁，残存的南墙西段长约30米，西墙南段长约65米，南墙与西墙垂直相交。西城与东城合用一城墙，东城的西墙就是西城的东墙。西城可能是在东城被毁之后筑造的，也是方形，南墙长82.4米，西墙长约92米，墙基槽口宽4.4米、深2米多；在南墙东部与东墙南端，有一约10米宽的缺口，这可能是西城的南门遗迹。

王城岗城址尽管已是支离破碎，但是它的年代确实，为距今4300年前后，是当时发现年代最早的城堡。这一发现表明，中华文明的火花那时已经在闪烁。它迫使人们将寻找距今4000多年前的城址，作为揭开距今四五千年间历史真相的突破口。随后，河南淮阳平粮台、郾城郝家台、山东寿光边线王、临淄田旺、邹平丁公、章丘城子崖等众多大型城堡址，一一接踵而现。此外，在长城北侧的内蒙古地区和长江中游地区也先后发现了距今 4500 年前后的各种土筑和石块垒筑的城堡址。

平粮台城址发现于 1979 年，位于淮阳县东南 4 公里的大朱庄西南，年代早至距今 4300 年。它不仅比王城岗城址大，而且更加完整。城址平面呈正方形，长宽各 185 米，城内面积约 34000 平方米。城墙残高 3 米多，顶部宽 8 至 10 米，底部宽约 13 米，系采用小板筑堆筑，即先在城墙的内侧夯筑一高 1.2 米、宽 0.8 至 0.85 米的小板筑土墙，作为城墙的内壁，然后在其外侧堆土夯实，逐层加高到超过小板筑墙的高度，再堆筑出城墙的上部。已发现南北两门均位于南北城墙的中部。其中南门设有东西门卫房，门卫房依城墙用土坯垒砌，房门相对。门卫房南北长 4 米许、东西宽 3 米许。东西门卫房之间为城门通道，宽约 2 米，在门道之下设有排水系统，即在门道下挖一条北高南低、上宽下窄的沟渠，内铺 3 条陶质排管道，沟底铺 1 条，其上并列 2 条，其上再铺土作为门道路面。排水管道是多节套接而成，每节长三四十厘米不等，近直筒形。这是我国发现年代最早的城市排水系统。城址内已发现 10 多处长方形排房建筑址，有的平地起建，有的为高台建筑，普遍使用土坯作为建筑材料。

平粮台城址内出土的文物大都为陶器。引人注目的是，在一个灰坑内发现了一块铜渣。金属器具的出现，是社会生产力发展到一定阶段的产物。通常将它与文字、城市等一起，作为文明起源的物质文化标志。这块铜渣的发现，表明当时已初步掌握了冶铜技术，为距今4000多年的龙山文化时期有无铜器的争论，增添了不可辩驳的证据。

边线王城址位于山东寿光县孙家集镇边线王村北部的高土阜上，经1984至1986年山东省文物考古研究所的3次发掘，可知它是距今4000多年前内外两城相套的城址。外围的大城是在里面的小城被破坏之后就地扩建而重新建筑的，体现了城堡由小而大、逐渐扩大的情况。小城址位于大城址中部稍偏东南，平面为圆角方形，每边长100余米，面积10000多平方米，设有东、西、南、北4个城门道。大城址平面亦为圆角方形，短边长240余米，城内面积57000多平方米，在四边城墙的中部各开一城门道。城墙夯筑而成，仅城墙基槽部分的构筑工程就十分浩大。城墙基槽为斜坡沟状，深6至7米，口部宽7至8米，最宽处有10余米，基槽逐层填土夯实。在基槽夯层内还发现了埋置有人、狗、猪的骨骸和陶器的小墓坑，这是在筑城时特意埋入的，可能与奠基习俗有关。

丁公遗址位于山东邹平县苑城乡丁公村东。1991年，山东大学考古实习队在遗址上发现了一座距今4000多年的城址。丁公城址平面略呈方形，城内南北长约350米、东西宽约310米，面积约10万平方米。城墙宽约20米，残高约1.5至2米。城墙外侧有宽20余米、深3米的巨型城壕。这是首次发现的距今4000年前的城壕。

丁公城址的发现，为距今4000年前城址的研究增添了新颖的资料。1992年1月2日，发掘队员在清洗出自城墙边一个灰坑内的陶片时，发现在一块碎陶片的内面有刻符痕迹，有11个字，分5竖行刻写。这一发现立即引起海内外学术界的极大关注。中国自20世纪初辨认了商代甲骨文之后，古文字起源的研究一直未获得突破性的进展。丁公陶片上11个字的发现，似久旱逢雨，滋润着古文字起源的研究。许多研究者纷纷撰文，辨认字意，掀起了中国古文字起源研究的一场大论战。以往在山东大汶口文化中曾多次发现距今4500年前的单个字形刻符，良渚文化中也发现了成组的字形刻符。这些发现预示着在距今4000多年前，记录语言的文字已经在孕育之中，或已被发明，且掌握在少数人之手。

城子崖城址的发掘，是山东省文物考古研究所根据30年代对城子崖遗址发掘所获的线索展开的。1990年，他们重新清理了1931年发掘后回填的探沟，发现60年来史学界所认识的城子崖城址实际上是不足4000年的岳石文化城址。同时，他们真正找到了距今4000年前的龙山文化城址，它比岳石文化城址还要大。平面近方形，东西宽430余米，南北长约530米，面积约20万平方米，残存的城墙高2.5至5米，残宽8至13米。城子崖龙山文化城址比边线王城址和平粮台城址大三四倍，比王城岗城址大十倍，它的功能可能已超越了主要作为防御作用的城堡的范畴。

河南、山东地区发现的众多距今4000多年前的城址，再现了曾是统领四方的中原地区，在中国文明起源研究中的巨大作用。在这些城址中发现的铜渣、文字信息、土坯建筑址等，如烘云托月，展示了这些城址是当时方圆百里之内的政治、经济与文化的中心；高耸的城墙，巨大的城壕，以及为建城所行的奠基现象，则充分体现了阶级关系的恶化、战争的频繁及叱咤风云人物的问世。

肆 发展篇（下）

一 早商文化研究和夏文化探索

1983年5月,在河南郑州召开了以夏文化探索为中心议题之一的中国考古学会第四次年会。夏代是传统史学中我国第一个王朝,由于年代遥远,古人对其记述十分简略,并且一直未得到实证,因此在近代史学中,又通常把夏代当做一个古史中的传说时代。但是历代对两千年前史学伟人——司马迁对夏代历史的记述都认为是信史,尤其是甲骨文所载商王世系证实了《史记·殷本纪》记载的基本正确之后,对夏代的存在更是笃信不疑。那次会上,考古发掘和研究人员对夏代文化、夏代的年代、夏代的都城等问题,展开了热烈而认真的讨论,标志着我国对夏文化的探索,进入了一个以实物揭示夏王朝秘密的新时期。这是学者们经过30年的努力才迎来的。

1 郑州二里冈的重要信息

1951年4月,中国科学院考古研究所河南省调查发掘团来到郑州，当地一位小学教师介绍说，他于1950年在郑州东南部二里冈一带发现了新石器时代遗址。调查发掘团的夏鼐等人对二里冈遗址调查后认为，这里的遗物近似于安阳殷墟。1952年第一届考古工作人员训练班便将这个遗址作为实习地点，试探遗址的文化内涵。这次发掘结果，并没有出土精美的文物，但却显示了一种从未有过的信息，即在龙山文化层之上发现了年代早于安阳殷墟的商殷文化。据古文献记载，商代从成汤建国到殷纣亡国，共经历了600年左右的时间，大约从公元前17世纪到公元前11世纪。以往发现的安阳殷墟是商代盘庚迁殷以后200多年商代后期的都城，盘庚以前400多年的都城及其文化遗存还未曾见到。现今在二里冈发现了早于殷墟的商代文化，意味着商代早期文化的研究开始找到了突破口。

二里冈遗址的发掘工作，引起了学术界的极大关注，研究者将这里发现的商代遗存命名为商代二里冈期，以示有别于安阳殷墟。1953年后，为配合二里冈一带的基建，安金槐率领河南省文物工作队对遗址进行了长时间的大规模发掘和勘探。至1955年夏，获知商代二里冈期遗址不连续的分布范围总计达25平方华里，遍布整个市区。引人注目的发现，如铸造铜器的作坊，制造骨器、陶器的作坊，随葬有青铜器和玉器的墓葬，铜器窖藏，以及精美的青铜器、玉器、原始瓷器、象牙器、金器、陶石器等，频频展示在人们的眼前。这些重大发现，令人醒悟到郑州二里冈期遗迹绝不是一般的村落址，可能是一座城市。

郑州二里冈期遗址，作为一座商代城址的研究，这时才真正拉开帷幕。但是探索者是在走一条前人未曾走过的路，在他们对商城的研究道路中充满了曲折。

1955年，一座可能是巨型墓葬的痕迹，显露在郑州东北角白家庄一带的发掘工地上。那里发现有8个殉物或殉奴隶的土坑、7座墓葬与5座残房址等压在一层夯打紧密的夯土层之上。这一夯土层的面积很大，南北长约20米，而且地处高地上，与安阳殷墟大墓的埋葬条件十分相似，1954年曾在附近清理了3座随葬有青铜器与玉器的墓葬。发掘者暗暗庆幸这一发现。随着对这片夯土层范围钻探的进一步扩大，疑团接踵而来，这片夯土层的东西长度超过了80米，发掘者开始否定这是大型墓葬的可能。然而他们压根儿没有想到，这是商代的城墙！因为曾繁荣一时的安阳殷墟没有发现过任何城墙遗迹，年代早于它的郑州二里冈期有可能筑城吗？至1956年，当考古钻探工作顺着这片夯土层的走向，探出三边四角时，考古队员这才恍然大悟：这夯土层原本是围成大致呈长方形的城墙。南、北城墙和东城墙均长约1700米，西城墙长约1870米，墙基宽10至20米，残高达5米，城周共有11个缺口，可能与城门有关。而以前发现的许多手工业作坊址及4处墓葬群等，正是环郑州商城分布的外围遗迹。

现今已弄清楚，城内有宫殿区和一般居住区。宫殿区在城内中部偏北和东北部，已发现夯土基址20余处，发掘了3处，其中一处东西长65米、南北宽13.6米，上有两排长方形柱础槽，大致可复原为一座九室重檐顶并带回廊的大型寝殿。值得引人注意的是，近年在郑州商城以外西北部也发现了一处夯土宫殿遗址，并出土了我国最早的青铜建筑构件，重达6公斤，其上饰兽面与龙虎斗像图案，是商代罕见的精品。此外，还出土有特磬、石圭等。

发掘还表明，当时的手工业已相当发达。其中铸铜作坊址出土有浇铸铜工具、兵器、大件容器的陶范；窖藏中出土的两件大方鼎，高约1米，重达80多公斤，是商代王室的重器，其他如牛首尊、羊首罍、提梁卣等都是当时的艺术杰作；骨器的制作除使用牛、猪骨外，还以人骨作为原料，表明当时王室、贵族的生活充满血腥味。

郑州商城的发现，为商史研究开辟了一个崭新的研究领域。许多学者认为这里是商王仲丁所迁的隞城，也有学者认为是商王成汤所居的亳都。尽管意见尚未统一，但是郑州商城的发现及其研究成果，不仅丰富了对商代前期文化的认识，而且在年代上缩短了与夏代的距离，打破了早商文化研究与夏文化探索这一神秘不可探的禁区。

享誉学界的二里头遗址

1959年夏，著名的中国古史传说时代的研究权威徐旭生奔赴豫西，寻找广为人颂但未经证实的夏禹开国的足迹，从而迈出了具有时代意义的夏文化探索的第一步。5月16日，他驻足在偃师县城西部偏南9公里处的二里头村旁，陷入了沉思。据古史记载，大禹因治理水患有功，被推举为夏代第一任国君，禹至桀共十四世十七君，前后约四五百年或六百年，这期间几经迁都，活动范围遍及豫西的伊、洛、颍水流域和晋南的汾、浍、涑水流域。豫西和晋南无疑是探索夏文化的两个重点地域。眼前的二里头遗址，范围广阔，东西长约3公里，南北宽约1.5公里，其内包含物的年代可能早于郑州二里冈期的商城。他据此推测，这里大概是一个大都会，可能是商王成汤所都的西亳。徐老的这一看法，从此将二里头遗址载入考古学史册，享誉海内外。

自1959年秋开始，对二里头遗址的发掘数十年不断，遗址中的贵重玉器、铜器、墓葬、宫殿等一一出土，藏匿着夏商文化史的密室大门被一道道打开。二里头遗址成为夏商文化研究的基地。其中，两座宫殿址的发现，是二里头遗址发掘数十年中最为精彩的一幕，它将二里头遗址的研究引入了高潮，但是其发掘过程却长达10多年。

1959年秋，依据徐旭生对二里头遗址考察的认识，中国科学院考古研究所洛阳队旋即开始对二里头遗址进行正规发掘。这次发掘，发现了一种年代上介于河南龙山文化之后、郑州商城之前的文化遗存。这种文化遗存早在1953年河南省文物工作队发掘登封玉村遗址时已初露端倪，1956年在郑州洛达庙遗址上得到进一步确认，并依据董砦遗址的发掘，推测其年代早于郑州商城。后来的考古调查发掘以及对其年代的测定表明，二里头文化主要分布在豫西和晋南地区，年代约距今3900年至3500多年间。

二里头遗址的第一次发掘，是值得称道的，它不仅确立了二里头文化的相对年代问题，为1962年二里头文化的命名奠定了基础，而且首次提出了夏商年代之分在考古学文化遗存中的体现。发掘者认为二里头遗址的晚期遗存，或许相当于商汤建都的阶段，早期遗存可能是商汤建都以前的。这些认识开辟了二里头文化分属夏商两个时期的研究思路，为今后对二里头遗址的发掘，赋予了极其诱人的学术研究前景。

1960年，他们果然在遗址的中部，钻探出一片面积约1万平方米的夯土台基。这是当时先秦考古发现的规模最大的一处夯土台基，如此规模的夯土台基可能和王都有一定的联系。在以后的4年中，他们发掘了8次，揭露了6000多平方米，但仅占这片夯土台基东南的一部分。后来一场文化风暴袭来，他们不得不中断了发掘工作。1974年，当年的热血青年都步入中年后，一座1万多平方米的宫殿基址终于重见天日，从而揭开了早商文化研究和夏文化探索的光辉史篇！

这座宫殿建筑基址称为1号宫殿址。它坐北朝南，东西长108米，南北宽约100米。在基址中部偏北处，有一东西长36米、南北宽25米的长方形殿堂基座，基座略高于基址。基座上建一东西长30米许、南北宽11米许的殿堂，殿堂为面宽8间、进深3间的"四阿重屋"式建筑，殿前为5000平方米的庭院，围绕殿堂和庭院的四周是廊庑建筑，其南部正中是宫殿的大门。

在殿堂的西北隅台基上面，还发现有捆绑双手埋葬的10座祭祀墓。这座宫殿基址的发现，为说明二里头遗址的性质奠定了基础。

无独有偶，1978年在1号宫殿址东北约150米处又发现一处形制近似的2号宫殿址。不同的是，在2号宫殿址上的殿堂后面还发现有一座大墓，墓长5.35米、宽4.25、深6.1米，墓的中线与2号宫殿的南大门南北对应。这是我国年代最早的一座大墓，它与2号宫殿址的整个建筑融为一体，表明2号宫殿址大概是与1号宫殿址级别对等的宗庙建筑。人们对这座大墓内所葬的人物及随葬品寄予了极大的希望，可惜的是它被盗掘一空。

二里头遗址的两座宫殿址，是我国历史时期考古最为激动人心的发现，它将我国国家的诞生，由安阳殷墟向前推到了二里头文化时期，并且迎来了早商文化研究和夏文化探索的高潮。

3 偃师有座商城

早在距今1900年前，东汉史学家班固说，河南偃师有一座殷汤所都的商城。现今偃师二里头遗址发现距今3600年前的大型宫殿基址，似乎为古人的这一说法添了注脚。许多学者也都认为，二里头遗址就是当年商代第一任国君成汤所都的城市——西亳。

1978年，北京大学考古学教授邹衡提出了一个全新的观点，他认为偃师二里头遗址是夏代都城而不是商汤的西亳，郑州商城才是商汤所都的西亳。然而一些考古学者却纷纷撰文与其讨论。于是，二里头遗址是汤都西亳还是夏代都城、二里头文化的年代分期，以及1961年曾提出的夏商文化在二里头遗址早晚间的分野问题等与此相关的观点、看法竞相登台。讨论二里头遗址的文化性质成为学术界引人注目的课题。

正当此时，偃师发现了一座有城墙围绕的商城，似风卷残云，为早商文化研究和夏文化的探索顿添光明。

1983年5月，中国社会科学院考古研究所洛阳汉魏城队在二里头遗址东北五六公里处的塔儿庄一带，为配合国家重点基本建筑项目首阳山发电厂选定厂址进行了一次考古钻探。钻探结果发现这里也有一座商城，尚埋于地表下一二米至三四米，保存得比较完好。

这座城址的发现，为解决商汤都西亳这一数千年历史奇案提供了契机。因为这座商城不仅在偃师境内，而且翌年在商城外西北角发现的唐墓墓志中，明确指明这里就是西亳之地。

考古学家们抓住这一天赐良机，立即展开了发掘研究工作。他们首先了解城址的城墙范围、城门位置，并按城门位置探明城内的大道，然后在城内分片探寻夯土基址，寻找建筑址。这里的考古发掘工作牵动着无数学者的心。因为过去发现的郑州商城，由于种种原因，已经难以弄清城内的布局情况；安阳殷墟的考古发掘已有50多年的历史，至今尚未发现有城墙；年代早于距今4000年的登封王城岗、淮阳平粮台两处城址，规模远不能与此相比。这座地下城址在商代废弃之后，未遭后世扰动，不论是在兵荒马乱的古代，还是在枪炮轰鸣的近代战乱之中，都未被摧残。所以人们对它的发掘寄予了极大的厚望。数年后，一座城址的轮廓终于展现在世人眼前。

这是一座规模空前的城址。它北依邙山，南临洛水。起初兴起的是早期廓城（小城）和位于其中部偏南的宫城，后来扩建廓城，形成平面略呈长方形，南北长1710米，东西宽1215米，总面积约200万平方米的大城。大城的四周城墙基本完好，宽17至20米，东西城墙上各有3座城门，北城墙已探出一座城门。其中居于西城墙中部的城门道，全长16.55米，宽2.4米，两壁各有一段紧贴城墙的夯土立柱窄墙，门道内还有当年的路土厚约5厘米；在城门内南侧有一条与城墙垂直相交的斜坡式登城"马道"，宽3至4米，东端与城内一条东西向的主干大道相连。东城墙居中的城门道，全长19米，宽2.4至3米，深1.3米，沟底用石铺成鱼鳞状，便于排水，两壁以石块夹木柱，承托木盖板。这条排水沟东西长800多米，源自宫城，东出东城门。如此先进的宫城排水道，令人惊叹不已。城内道路纵横，已探出东西向大路5条，南北向大路6条，路面宽6米，最宽达10米，道路与城门方位基本对应。

宫城是当年该城的政治活动中心，也是现今研究该城址的聚焦处。宫城平面近方形，周长800余米，面积约4万平方米。宫城的大门在南墙正中，门前一条大道直通城内。宫城中部是主殿基址，两侧又有大面积的建筑基址相辅，形成宏伟壮观的大型建筑群。发掘队员首先在东侧基址上破土，发现了第四号和第五号两座保存完整的宫殿基址。四号宫殿址位于宫城东部偏北，是一座四合院式的宫殿建筑，东西长51米，南北宽32米，坐北朝南；正殿东西长36米许，南北宽近12米，南部边缘有4个长方形台阶，殿堂的东、西、南三面廊庑环绕，中有宽阔的庭院，院内殿址东北有一口水井，并在殿基的东北、东南与南庑南面有3处石砌排水沟。这是我国年代最早的"四合院"式宫殿建筑。五号宫殿址位于宫城东南隅，北距四号殿址约10米，建筑形式大致与四号宫殿址相似，也是由正殿和东西南三面廊庑组成，中有庭院；正殿规模较大，东西长54米，南北宽近15米，四周有立柱，东西两侧另有庑址，殿址南侧地下有一排4对祭祀狗坑。

偃师商城是目前所知我国早期城址中年代最早、规模最大、保存最好的一座，它城内有城，宫内有数座自成一体的宫殿院落。可以想见，当年这里的大型建筑屋檐重重，鳞次栉比；城内的军事防御设施层层叠叠，森严壁垒；城内的道路纵横，连贯四门。它已具备早期都城的规模和特色。这座城址的发现，成为夏商分界的界标。

然而偃师商城的发现，仅仅是解决了早商文化研究和夏文化探索过程中的一个疑难问题，许多重大问题和不解之谜尚需继续探索。

4　晋南夏墟之梦

　　1959年至1963年，中国科学院考古研究所山西工作队和山西省文物工作委员会，围绕汾河下游和浍河、涑水河流域进行了4次考古调查，发现汉代以前的遗址300多处，其中文化面貌与豫西二里头遗址二里头文化相同的遗址有30多处。10年后，他们和中国历史博物馆等单位一起挑选了面积约25万平方米的夏县东下冯遗址进行大规模的考古发掘，期望在这里有如二里头遗址那样惊人的发现。结果事与愿违。发掘工作持续了5年半。这些发掘虽然没有获得轰动性的收获，但是它确立了在距今3900年至距今3500年间，晋南地区存在着一支与二里头文化接近的古文化，称为二里头文化东下冯类型。这是晋南地区探索夏文化过程中迈出的极其有意义的一步。

　　1978年春，考古学家们来到了塔儿山脚下，选定了规模比东下冯遗址大10多倍的襄汾陶寺遗址。陶寺遗址是在1959年的晋南夏墟调查中发现的，1963年、1973年、1977年又进行了3次复查。它坐落在塔儿山与汾河之间，分布在襄汾县城东北约7.5公里的陶寺、李庄、中梁、东坡沟4个自然村范围内，总面积300多万平方米。

　　陶寺遗址第一年度的发掘却不能让人兴奋。那年发掘了近500平方米，发现房址1座、残破陶窑4座、灰坑24个，墓葬数量较多，有109座，但都是些不起眼的小墓；出土物除了陶、石器外，在墓葬中还有一些小件玉器，文化面貌与附近以及豫西的龙山文化接近。在钻探中还发现了一片面积约3万平方米的墓地。此外，出土的一种V字形石刀特别引人注意。它器型硕大，形状奇异，似刀非刀、似犁非犁，似不属一般的生产生活用具，给这片巨型遗址蒙上了神秘色彩。

1979年，发掘工作在墓地展开。墓葬数量逐日增多，但都是些小墓，贫乏而无味。从地表地层上看，这里有不少含朱砂的土样，这种土样应当和大型墓葬有联系。

10月27日，一位年轻的发掘队员终于发现了一座日思夜盼的大墓痕迹。它长3米多，宽2米多，深1.5米以上，内有神秘的朱砂、彩绘圆圈等罕见现象。经技术专家长达30多天的发掘和清理后，那些色彩斑斓、带着4000多年神秘气息的大型墓、中型墓，被一座座从地下打开，让人们领略它们那个时代的风采。

至1985年，陶寺墓地已发掘了1300多座墓葬，分为大、中、小三种。大中型墓葬是陶寺遗址最为精彩的发现。其中中型男性墓使用木棺，棺内铺朱砂，随葬有彩绘陶器、彩绘木器、玉石器及猪下颌骨。中型女性墓使用彩绘木棺，身上佩戴玉、石镶嵌的头饰和臂饰，随葬的彩绘陶瓶对称地分葬在大型墓左右两侧。大型墓仅9座，占发掘墓葬的不足10%，但墓中几乎汇集了该墓地90%多的文物精华。它们除使用彩绘木棺、棺底铺朱砂外，随葬的彩绘陶器、彩绘木器和精美的玉石器、武器、装饰品等多达200多件，有的还葬有整只猪。彩绘陶器与彩绘木器是空前的发现。彩绘陶器有壶、瓶、盆、盘、豆等，以黑、红、白、黄等色绘制成极富神秘的图案。这些图案的含义至今尚是个谜，它们有的与商周青铜器花纹颇为接近，其中彩绘蟠龙陶盘显示了4400多年前的神威。彩绘木器成批出土，这些木器的胎骨都已腐朽，是依其残存的彩绘颜料层剔剥出原来的形状，堪称文物清理一绝！彩绘木器的器型有案、几、俎、匣、盘、斗（勺）、"仓形器"、鼓等多种，外表涂红，以黄、白、蓝、黑诸颜色绘出五彩图案。其中木鼓系以树干挖空制成。圆形鼓腔外施彩绘，以鳄鱼皮蒙鼓面，最大的一件高1米许，两端口径为40至57厘米，即为古文献中所称的"鼍鼓"。这种木鼓与大石磬相配共葬于墓中。大石磬长近90厘米，作倨句型，称为特磬，是我国目前同类乐器中最早的珍品。

这里还发现了铜铃与"文字"。铜铃出于一座中小型墓中，含铜量为97.8%，系用合范铸造的红铜器。文字见于一件陶扁壶器壁上，用毛笔朱书，其结构与甲骨文同形字十分相似。引人注目的是，陶寺还发现了夯土碎块和刻画几何纹样的白灰墙皮，表明这里曾有豪华的大型建筑基址，但始终没有发现，令发掘人员不无遗憾。

陶寺遗址的发掘，轰动了整个学术界。这里地处夏墟，年代跨越在距今4500多年至距今3900年。这里有华夏族特征的龙的形象，具有作为一个新纪元标志的文字与冶金技术；这里的鼍鼓、特磬奏出了礼乐新篇章，彩绘陶木器与夯土碎块及刻画纹墙皮相映成辉。这一切都曾由这里的大型墓墓主所主宰。

夏文化探索是中国考古学研究中最为令人振奋的学术课题，它牵动着亿万人的心，无数学者为它而魂牵梦绕数十载，一代代学者在中原大地上不断为它谱写考古史篇！

二 灿烂的殷都文明与方国文明

商朝是当时世界上为数不多的泱泱大国。1928年至1937年对安阳殷墟的考古发掘证实，商代文明是光辉灿烂的，是当时世界东方的一颗明珠。因此1949年以后，对高度发展的安阳殷都废墟的考古工作便蓬勃展开。与此同时，对商代方国的考古工作也逐步进行。

1 殷墟发掘Ⅲ：辉煌的宫殿址与王都布局

安阳殷墟经1949年前的15次发掘，已成为中国考古学研究的圣地，并且已知是商代后期盘庚迁殷至纣亡国这273年间的定都宝地。商代的遗迹遗物遍布洹水两岸的30平方公里，这里的每一寸土地下都可能成为商史研究中的重要资料。由于这里大量的古物遭盗掘，加上那15次的考古发掘，已揭露了50多座宫殿宗庙的建筑基址、10座王陵、上千座人牲祭祀坑和24000多片甲骨等大量珍贵文物，因此现今在此发掘，寻觅空前的重要发现，难如登天。

但是众多学者对这里的考古发掘仍然寄予极大的希望。从1950年春天开始，这里各种项目的发掘便连续不断地展开。1958年春，中国科学院考古研究所在这里建立了工作站，尹达曾亲自兼任队长。从此，殷墟王都的布局、殷墟文化的分期和断代，小屯南地与花园庄东地的甲骨坑、苗圃北地的铸铜遗址、后岗祭祀坑、小屯东地巨型宫殿基址、武丁配偶妇好墓葬等，一个个重大发现频频问世，一个个学术问题似冰雪融化。安阳殷墟在商代考古与商史研究中，再次独领风骚！

在这众多的发现与研究成果中，以巨型宫殿基址和妇好墓的发现与研究最为引人注目，其成果堪与1949年前15次考古发掘的收获相媲美。然而这些发现都是出乎意料。

一个王都的宫城，是考古学家十分青睐的区域。安阳殷墟作为商代盘庚迁殷的国都，它的宫城在哪里？1949年以前的发掘表明，在小屯一带分布有许多夯土建筑基址，考古学家推测这里可能是当时宫殿宗庙之地，但对宫城的范围一无所知，因为一直没有发现城墙。1958、1959年，中国科学院考古研究所安阳队在小屯宫殿区以西200米外，意外地发现一条宽7～21米、深5～10米的南北向大沟，它的北头与东西向的洹河相接，向南延伸有750米。1983年，夏鼐推测如果这条大沟向南延伸后转而东行直达洹水，那么小屯就不需要筑城垣了，它的北边和东边已有天然的洹水河道作为防御之用。这一推测直到1986年的一次配合基建的钻探中才得到证实。这条大沟果然继续向南延伸了300米，南北总长达1050米，经花园庄村西南角折而向东650米，与北来的洹水相接。这段大沟宽10至15米，最宽达30米，深约5米。这样，这条大沟与洹水正好构成一条呈长方形的殷墟"宫城"，这是商代利用自然地理环境构筑防御设施的杰作。

这条大沟的发现，使得殷墟的布局昭然若揭。殷墟以洹河南岸的小屯为中心形成宫城，宫城内除宫殿宗庙建筑外，还有藏匿刻辞甲骨的档案库；环宫城外围有密集的居民点和大批铸铜和制骨、玉、石等手工业作坊址，由内而外，分布渐渐稀少；商王和贵族的陵墓主要分布在远离"宫城"西北的洹河北岸武官村、侯家庄和西北岗一带，陵墓区还有几千座奴隶杀殉坑。

1986年，安阳市政府要在小屯村东一带建造殷墟博物苑。考古学家马上建议，将小屯村东的一片土地圈进殷墟博物苑的基建征地范围内。原来早在1981年春，他们在这一带配合基建钻探中，曾意外地发现有夯土分布。这里北距30年代发掘的殷代宫殿宗庙基址约80米，东临洹河，以往很少有人注意它。1988年，为使这里的遗迹不再被破坏，同时也为了早日揭开这片夯土的秘密，一个大规模发掘计划开始实施了。这是1949年以来殷墟发掘中对宫殿区宫殿址所做的规模最大的一次发掘，历时一年。

这是一座前所未见的大型宫殿建筑址。它平面呈"凹"形，缺口向东，濒临洹水，面积约5000平方米，建于殷墟早期。建筑址由南北两排并列的基址及西面与之相衔接的基址构成一个整体。房基修建十分讲究,先挖基槽,再夯打地基,夯土厚 2 至 3 米,然后在夯土地基上挖洞立柱,柱子下垫有石块,沿房基边线外有小而密的擎檐柱。北排基址东西长约 60 米、南北宽 14.5 米,南排基址东西长约 75 米、南北宽 7.3 米,西排基址南北长约 50 米、东西宽 7.5 米。北排基址是这组宫殿址的主体建筑,有 3 个向南的门道,均宽 2 米,间距 4.3 米。使人兴奋不已的是,在中间门道两侧埋有东西排列的两个陶罐,东侧陶罐紧邻柱础石,西侧陶罐内发现一件有"武父乙"铭文的封口铜盉。"武父乙"大概指殷王武丁之父小乙。这是殷墟发现的年代最早的一件有铭铜器。在另一门道的西侧还发现两个东西排列的祭祀坑,两坑间距 0.6 米,均殉葬砍头人骨架 3 具及简陋的随葬品。

5000 平方米的面积,在宽广的殷墟宫城内并不十分显眼,然而它是殷墟早期由 3 座大型建筑构成的半封闭的建筑群,这在殷墟发掘史上是独一无二的。

殷墟发掘Ⅳ:独领风骚的妇好墓

殷墟宫殿基址的发掘固然引人入胜,而殷墟墓葬的发掘则更使人兴奋不已,尤其是王陵或贵族墓葬的发掘。1950 年首次恢复中断了 13 年的殷墟发掘时,曾参加并主持过 30 年代殷墟发掘的郭宝均等人借机发掘了武官村大墓。此墓平面呈"中"字形,面积约

340平方米，虽已被盗掘一空，但发现的41人之多的殉人现象，却成为商代奴隶社会研究中十分重要的素材。此后，考古学家就不轻易在殷墟发掘大墓。然而在1976年，发掘者撞上了一座保存完好的贵族墓葬。

1975年，小屯村民计划平整小屯村北偏西约100米处的一片岗地，它高出周围地面约0.8米，面积约3万平方米。这里地处宫殿区以外、大防卫沟以内，一直未受到重视。钻探时发现这里有夯土，发掘中发现在房基夯土下有一座墓葬。此墓埋得较深，3次铲探都没有探到墓底。1976年5月16日，终于在一个探孔里带上来较厚的漆皮和一个完整的绿色玉坠，表明这是一座较重要的墓葬。5月17日，全面发掘开始了。此墓南北长5.6米，东西宽4米，深8米。从1米深处开始，一些珍贵文物便纷纷出露，如玉臼、石牛、石磬，乃至玉殳、象牙杯等罕见的稀世珍宝。至6月4日，发掘触及椁室，椁室已沉没在地下水中，其下尚有1.3米深。椁长5米、宽3.8米、高1.3米，大部分已塌毁，其中的漆棺与墓主骨骸均已腐朽。漆棺上覆盖一层麻布和薄绢。墓中殉人16人、殉狗6只。椁顶上有大批铜器、玉器等文物。发掘者架上抽水泵，奋斗了3日，近2000件耀眼的珍贵文物逐一登堂入室，摆满了库房。

据甲骨文记载，使殷道复兴的商王武丁有一位能征善战的配偶，称为妇好，她生前曾南征北战，战功卓著。这次发掘的大墓正好是妇好之墓。墓中100多件铜器上铸有"妇好"的铭文，与甲骨文相印证。此墓是殷墟发掘中唯一能够断定墓主明确的身份与墓葬确切的年代、并未被盗掘的商王室成员墓葬，其年代约当公元前13至前12世纪，距今3100多年。墓中近2000件珍贵文物成为断代标准器物。

这些奇珍异宝几乎是集商代工艺之大全，件件价值连城。青铜器有460余件，其中青铜礼器有210件，种类齐全，有方鼎、圆鼎、偶方彝、三联甗、簋、鸮尊、方罍、壶、瓿、缶、觥、斝、盉、爵、觚、盘等。这些青铜器造型别致，花纹繁缛，一般体积较大，制造工艺精湛，是前所未见的珍宝，仅一件偶方彝就使全世界各大博物馆中的商代青铜器黯然失色。偶方彝通高60厘米、长88.2厘米、宽17.5厘米，重71公斤，分为器体和器盖两部分。盖是模仿当时大型宫殿建筑的房顶铸造的，有正脊垂脊，还有梁头等；器身以鸱鸮、怪鸟、夔龙、象首、大兽面为主体花纹。整器雄伟庄重，器底内壁铭"妇好"二字，字体古朴，结构巧妙，为金文中所罕见。

墓主妇好是位武将，墓中有130多件铜兵器，其中两件大铜钺，长宽近40厘米，重达10公斤。一件铜钺上还铸有两虎吞噬一人头的浮雕，是目前所见商代兵器之冠。可以想见，当年妇好持此大铜钺征战四方的威武形象，妇好所到之处，敌军无不望风披靡。

墓中的玉器是商代玉器空前绝后的发现，有750件，大部分是新疆玉，也有辽宁岫岩玉。有琮、圭、璧、环、璜、戈、矛、戚、钺、斧、铲、臼、杵、盘、梳等礼仪、生活用具，也有人像玉雕作品，还有虎、象、马、牛、羊、熊、猴、兔、鹤、鹰、鸱鸮、鹦鹉、鸽、鸬鹚、燕、鹅、蝉、螳螂、龙、凤、怪兽、怪鸟、蛙、鱼、鳖、龟等各种走兽飞禽。此外，还有工艺超群、绝倒世人的2件象牙杯及各种骨器、牙器等罕见瑰宝。

妇好墓的发现，使得考古学家们对已冷淡了20多年的殷墟大墓的发掘，再度看好。1978年，他们在殷墟王陵区发掘了一座"甲"字形大墓，渴望再现妇好墓发掘的辉煌。不幸的是，此墓被盗掘一空，仅存800余片白陶块。1984年，他们在王陵区再次发掘了另一座"甲"字形大墓，相传商代最大的铜鼎、著名的司母戊大方鼎就出自此墓。可惜的是，此墓有6个大盗洞，贵重文物被洗劫殆尽，但墓室填土中的8把木锨痕迹则是殷墟考古的首次发现。6年后，一座规模不大，但保存完好、文物相当丰富的中型墓悄然问世。它远离王陵区，在小屯宫城东南近千米处的郭家庄西地。墓长4.5米、宽近3米，有椁有棺，殉4人，墓中出土珍贵文物350多件，而且以青铜器为主，达280余件，有鼎、斝、尊、角、方形器、铙、钺、刀、戈、矛等，大都造型别致，有的器型奇特，是殷墟历年发掘中仅次于妇好墓的又一次丰盛的发掘收获。

这座中型墓的发现告诉人们，殷墟地下文物没有罄竭，藏匿在那30平方公里土地下的商史奥秘，时刻都在等待着考古学家去揭启。

扼居要冲的盘龙城

挞彼殷武

奋伐荆楚

深入其阻

裒荆之旅

这是春秋时期商人的后裔追颂其祖先南征荆楚的光辉事迹。

这些记载表明，早在商代初年，荆楚之地已经向商王臣服朝见，属于商朝南土的范围。后来荆楚反叛，商王武丁率军南征，荆楚又重新服属商朝。这些毕竟是古人的记述，现代史学家们更多地寄希望于考古发现，来证实商代经营南方的史实。扼居通向南方要冲的盘龙城即是在商代南方文化的探索中，被揭露出来的第一座殷商时期的南方城址。

盘龙城位于武汉市北 5 公里许的黄陂县叶店乡，面积约 100 万平方米，南边紧靠流入长江的府河，北面是一带小土岗。它三面临水，进出一条陆道，地势险要。1974 年秋，为防汛，在盘龙城南面修筑府河大堤，这使考古学家们想起了 20 多年来盘龙城的风雨。

1954 年，阴雨连绵，河水上涨，大有要淹没盘龙城附近一带的农田庄稼。村民们为保家卫田，纷纷取土筑堤防水。文物工作人员闻讯赶来一看，发现这里有一座土城，村民们正取古城城墙之土，挡河水之患。这座古城址平面略呈方形，南北约290米，东西约260米，城墙夯土尚高于地面1至3米，四面中部都有一个缺口，可能是城门。当时不知该城址为何年所建。后来在城址附近不断发现青铜器、印纹陶等文物。1963年，两位年轻的学者在这里进行了小规模的试掘，结果发现了5座有铜器和玉器随葬的商代木棺墓，并据此推测盘龙城遗址的时代应属于商代中期。

20年来盘龙城遗址的这些发现，以及对其年代的推测，使许多考古学家视盘龙城为考古宝地，现今怎能眼睁睁地看着村民们在这里动土筑堤呢？于是，一支由湖北省博物馆、北京大学考古专业等部门38人组成的庞大的考古发掘队，迅速奔赴现场，对遗址展开了大规模的发掘。这次发掘终于解决了盘龙城的结构与年代问题，同时还在城内揭露出大型宫殿基址和城外的贵族墓葬，使昔日商代南方重镇盘龙城展现出耀眼的光辉。

盘龙城是一座宫城。墙基宽21米，城外有宽约14米、深4米的城壕，城壕架有木桥作为城内的通道。城内仅有宫殿基址，城外侧是居住区、手工业作坊区和墓葬区，充分体现了早期城址的形态。宫殿基址发现有前后并列的3座，坐北朝南，其中1号与2号殿址可能是当时前朝后殿的一组建筑。1号殿址为后寝，东西长约40米，南北宽12米许，东西向间隔为4间，四周外设有一排50厘米粗的大檐柱穴，柱底垫大础石，形成外廊环绕的"四阿重屋"形式的殿堂。2号殿址北距1号殿址约13米,东西长27.5米,南北宽10.5米,建筑技法与1号殿址相同,为前朝部分。在基址西侧铺有地下水道。

盘龙城宫殿址的结构堪与同时期商王室宫殿址相媲美,而盘龙城贵族墓葬的发现,则是80年代以前商代中期墓葬发掘中的第一桩。盘龙城的墓葬已发掘10多座,出土青铜器20多种150多件,其中以伸入盘龙湖中的李家嘴2号墓葬的随葬品最丰富。该墓室长约4米、宽3米多,葬具为精雕细刻的彩色棺椁,随葬品有种类齐全的青铜礼器,如鼎、鬲、甗、簋、盘、罍、盉、觚、爵、斝等20多件,以及钺、戈、矛、刀、斧、锛、凿等武器和工具40多件,还有上等的玉器、陶器等,并殉葬3人1狗,充分体现了商代中期一方之主的雄威。

4 难忘的三星堆

盘龙城商代中期城址、宫殿及大型墓葬等的发现,证实了史载商代经营南方的史实。同时,在湖北、湖南、江西、江苏、汉中等地陆续发现商代青铜器,也使得南方商代考古具有无穷的魅力。80年代中期,位于四川盆地的广汉三星堆突放光芒,使长期处于不冷不热的巴蜀考古,一跃成为八九十年代中国商周考古的重点课题。

1980年11月,四川省文管会、四川省博物馆、广汉县文化馆组成的一支考古发掘队,匆匆开进了广汉县城西10公里处俗称三星伴月的景观地。他们是被这里的一座砖厂的滚滚浓烟吸引而至的。这座砖厂已在这里取土多年，从地下翻出来的古代陶器、石器残片，满地遍野，俯拾皆是，这勾起他们对三星堆遗址的无尽悲哀。

1929年春，一位农民曾在此发现了一坑玉璧、璋、钏、珠、斧、玉料等古玉三四百件。1934年，为再寻古玉，中外学者在80多名荷枪实弹士兵的日夜警戒防守下，发掘了10天，获玉、石、陶器残片600余件，并推测其年代约当铜石并用时代到周代初期。这在当时的学术界引起了极大的重视，旅居日本的郭沫若对此给予了很高的评价。从此，三星堆遗址就成为巴蜀考古的宝地。1956、1958、1963、1964年，许多学者曾光顾此地。冯汉骥曾站在月亮湾阶地上，推测这里很可能是古代蜀国的一个中心都邑。现今遗址被蚕食狼藉，怎不令人痛心疾首。

他们立即在此发掘1000多平方米，发现了距今4000年左右的建筑群基址。这是四川地区的首次发现。他们极其珍视这一发掘收获，动用飞机记录下这些建筑基址的图像。这次发掘重新确定了三星堆遗址的最晚年代为商末，并且认定是蜀地的土著文化遗存。但是，这次发掘的出土物并不十分光彩夺目。1982年至1985年对三星堆遗址的进一步发掘工作，大致明确了三星堆遗址的分布范围达12平方公里，同时还发现了可能是城墙的迹象。三星堆遗址在巴蜀考古中的分量日趋加重。

1986年春，四川大学考古专业再度与四川省文管会合作，在三星堆的一个残星上发掘了1300多平方米，希望究明"星"下的秘密，结果没有达到预期的理想，星下仍然是一些零碎的蜀地古遗物，但其中的少许玉器及漆、陶器与雕花漆木器等，再次显示了该遗址的重要身份。一些陶塑动物，如水牛、虎、猪、绵羊、蛙，尤其是鸬鹚、杜鹃等，令人对遗址所包含的古代蜀国秘密遐想不已。他们推测，这里似乎是被仓促放弃的都邑。

由于时间的逼迫，四川大学的师生们恋恋不舍地撤离了三星堆遗址。就在他们告别遗址1个多月后，三星堆的重大发现从天而降。

1986年7月18日，当三星堆遗址发掘的留守人员正在进行发掘收尾工作时，砖厂农民因制坯取土，在距地表深2米处挖出10多件玉石器，考古人员闻讯后立即组织抢救发掘。原来这些玉石器仅是一座大型祭祀坑（1号祭祀坑）的一角。祭祀坑长4.5米多、宽约3.5米、深1.6米。令人惊讶的是，奇珍异宝充满祭祀坑，有金、铜、玉、石、陶、象牙器300余件，还有贝、骨渣等。许多文物，见所未见，闻所未闻。

1号祭祀坑的发掘直至8月14日结束。16日，砖厂工人在距1号祭祀坑西北约30米处挖土时，又发现了一座埋藏文物更为丰富的2号祭祀坑。2号祭祀坑长5.3米、宽2.3米、深1.55米，从坑内取出了方座大型立人像、人头像、人面像、神树、鸟、鹿、罍、尊、铃、彝等铜器439件，璋、瑗、环、戈、刀、凿、珠、管等玉器130多件，以及数十枚象牙等珍贵文物。

三星堆两座祭祀坑的年代约当商代殷墟时期，它是半个世纪以来巴蜀地区最重大的考古发现。它所展示的3000年前的文化成就，使今人目瞪口呆。其中金杖、金面具等金器，是已知年代最早的金质工艺佳品。金皮木蕊铜龙头杖，全长1.42米，重780克，金皮包卷木蕊制成，杖上平雕人头、鸟、鱼、穗等精美花纹图案。青铜人像、人头像是最为引人注目的文物，其中铜立人像，高2.62米，重180公斤，头戴高冠，粗眉大眼，鼻棱突出，嘴角下勾，方额大耳，身着高领长衣，赤足站在方座上。有的人头像上，巨大的纵目眼球突出16厘米长，含意难释。青铜神树，高4米，枝叶茂盛，果实累累，立于三山正中，飞禽走兽穿梭其间，为人间奇珍。此外，青铜爬龙柱形器、青铜跪坐人像、三鸟三羊尊、八鸟四牛尊等，件件精美绝伦，世所罕见。

三星堆两座祭祀坑的发现，揭开了巴蜀考古与历史文化研究的新篇章。自那以后，巴蜀文化的研究，似热浪涌来，席卷海内外。

5　赣江秘史

三星堆的重大发现，惊动了整个学术界。然而当许多学者正纷纷研究古蜀文化的发展水平，蜀地青铜文化与殷墟青铜文化孰高孰低，以及它们之间的文化流向路径等问题时，一个爆炸性考古新闻从盘龙城以南约 800 公里的江西省腹地的新干大洋洲传来，那里发现了堪与殷墟王室墓葬相媲美的商代大墓。许多研究三星堆文物的学者，立即将眼光转向了那里。它使赣江流域在南方商代考古研究方面持续了 20 年的优势后，走向了它的巅峰时期。

70 年代初，在江西省腹地、赣江中游西侧约 20 公里处的清江县（现改为樟树市）吴城村发现了一处 4 平方公里的商代遗址。这是长江以南地区第一次发现的大规模的商代遗址，而且这里又是通往岭南的交通要道，所以，许多学者希望在此揭露出具有土著文化特色的商时期的方国都邑。1973 年冬至 1975 年冬，江西省博物馆、北京大学历史系考古专业等单位组成的考古发掘队，先后在这里进行了 4 次发掘，发现了一批房址、墓葬和烧制陶器的窑址，以及六七百件青铜器、石器、陶器、原始瓷器、玉器等。其中青铜器数量很少，只有刀、斧、戈等工具或兵器，但铸造青铜器的石范却很多，除工具范、武器范外，还有容器范，而且在石范和陶器上刻有许多文字和符号，只是大都不能识读。这 4 次发掘，尽管不能证实这里就是商代的一个方国都邑，但出土的文物表现出这里既有与中原地区的商文化有着密切的关系，又具有浓厚的地方特色。在吴城附近还发现了工艺水平极高的虎形扁足虎立耳铜鼎和鸟形扁足鸟立耳铜鼎等罕见的商代青铜器精品，使人们对吴城遗址的兴趣有增无减。

1986 年，江西省文物工作队、厦门大学考古专业等单位，对中断了 10 年发掘的吴城遗址，再次进行了发掘。这次他们发现了可能是回廊式建筑的迹象及烧制原始瓷器的窑区。吴城的身价陡增。两年后，他们又在吴城以北500公里处的瑞昌县夏畈乡铜岭村，意外地发现了商代开始采掘的铜矿遗址，显露出江西有着丰富的制造青铜器的矿源，而且商代已在开发利用。这种矿源是当时国家社稷的重要财富，非一般人所能控制开采。

至此，种种迹象表明，江西地区在商代确实有一个方国重镇，控制这个方国重镇的头面人物大概富甲天下。但是这个方国重镇是不是就在吴城？这个方国的达官显贵们的葬地又在何处？

1988年秋，在吴城以东约20公里的新干县大洋洲乡的沙土地里突然冒出了大批精美绝伦的珍贵文物，我国南方头号商代墓葬在度过了3000年的寂寞后，终于破土而出，迎接新世纪对它的检阅。

这座大墓位于新干县大洋洲乡程家村劳背沙洲中，西临赣江1公里。在沙洲的南端有一座东西长50米、南北宽约30米、高约6米的椭圆形沙土堆。无人知晓这个沙堆形成于哪年，更不知这是一个巨型的坟丘，沙土堆下有一座为世人赞誉不绝的3000多年前的大型墓葬。几十年来，人们习惯于取这里的沙土修赣江大堤，却不曾想到这个沙丘包藏着赣江的一段秘史，以至于将坟丘夷为平地。1989年9月20日，沙土中终于发出了清脆的音响，挖沙的铁锹撞上了古色古香的大型青铜鼎。正在距沙洲以东5公里的牛头城商周遗址上发掘的考古人员闻讯赶赴沙洲，进行试掘。结果使他们惊呆了，在原来那件青铜鼎附近出露了许多大型青铜容器和兵器、工具等，其中一件四羊尊重达百余公斤。1个多月后，以江西省文物考古研究所为主的新干大墓发掘队组成，开始了江西考古发掘史上最为惊心动魄的发掘工作。他们奋战半个月，一座3000年前、约当商代晚期的大墓，携同墓中近2000件珍贵文物，走出地下，迎向光明。

这是商代南方的头号大墓，最初发现的铜器和试掘的近10平方米，仅占这座大墓的西北一角。这座大墓的椁室长8.2米许、宽3.6米，墓中摆满了青铜器、玉器和陶器。其中青铜器有480多件，种类繁多，造型奇特，纹饰精美，是商代青铜器发现史上空前的一次。这些青铜器，有的具有商代中期风格，有的又与安阳殷墟同类器相似。铜礼器有鼎、甗、鬲、罍、卣、簋、瓿、壶、豆、带把觚等。有的器型硕大，如铜甗，高110厘米，重85公斤。有的器型则十分小巧，如双耳鬲、扁兽足方鼎等，高仅10厘米左右。有的铜器造型奇异，如双面人面形器、青铜卧虎扁足鼎、立鸟双尾青铜虎、虎尊、羊角兽面器等，均为罕见器物。值得注意的是，铜礼器组合中，没有中原常见的爵、觚、斝等酒器，表现出浓厚的地方特点。铜乐器有铙、镈等，共计60多件。铜兵器有戈、矛、刀、钺、镞、短剑、胄等250多件。铜农具和手工工具有犁、铧、锸、铲、镰、斧、锛、凿、锥、钻、刻刀、靴形器等120多件，其中带把觚、短剑、单翼镞、靴形器、犁、铧等，在全国商墓中前所未见。青铜犁铧的出土，则把我国犁耕的历史提早到商代,结束了长达数十年来对商周时期是否使用青铜农具的学术争论。

新干大墓的发现震动四方,它是商代方国中的头号重大发现。人们由衷地感觉到,整个商代文明都因它的发现而需重加估量。它的发现更使吴城遗址贴金生辉。它所表明的3000年前赣江的这段秘史,应该是辉煌无比。然而奇怪的是,这座绝世富豪的大墓为何孤零零地埋于赣江边1公里的沙洲里?它与隔赣江约20公里的吴城遗址及与其东5公里的牛头城遗址,是否有着布局上的联系?附近有无与此大墓相映成辉的其他遗迹?研究者深知这并不是一朝一夕所能揭开的奥秘,或许在21世纪能够解开这些谜。

三 五彩缤纷的两周考古

1975年，我国为筹备一次出国文物展览，要求对宝鸡市博物馆于1965年9月征集的一件西周青铜尊进行除锈清理。这件青铜尊是由宝鸡县一位农民于1963年在一处崖上意外发现的。一个惊人的发现就在这次除锈过程中诞生了。原来在这件铜尊内底的铜锈下尚存有12行119字的铭文。铭文除记述了这件铜尊是一位名"何"者制作于周成王五年等外，还披露了西周初年一件极为重要的史实，即在武王克商后即准备"宅兹中国"，以巩固对殷人故地的统治；成王营建洛邑（今洛阳）完全是秉承武王的这一遗志。这些记述与《尚书》中的《洛诰》、《召诰》等篇互为补充。

正当学术界为重新获得这篇约3000年前记述的史料而兴奋之时，陕西临潼段村又意外地发现一件惊动史学界、被誉为西周第一重器的利簋，即武王时一位名叫利的"有司"在武王克商后第七天制作的青铜簋。腹内底有铭文4行32字，记述了武王克商的准确日辰。

这类史料价值极高的有铭铜器，几十年来在黄河流域中下游地区，以及长城以北、大江以南的广大地区内频频出土，内容涉及当时的重大历史事件及经济、法律等方面，使古代典籍中有关周代的历史记载得到了证实和补充。它们的发现，也使得考古学家们对依据典籍记载的线索，探寻两周都城及大型墓葬，以及考察蓬勃发展的两周社会，充满了信心。

捷报频传的周原考古

周代承袭商代而治理天下，而它最初的活动地点却是在泾渭二水流域。据古文献记载，现今的北倚岐山，南临渭水，东起武功，西至凤翔、宝鸡一带，是为周文王的祖父古公亶父由邠迁岐定居的地方，称为周原。后来文王、武王迁都丰镐，而这里仍然是西周的重要政治中心，直至平王东迁、戎人入侵被废，历时300多年。早在西汉、东汉乃至北宋、清代，这一带就出土有西周青铜器，为历代学者所重视。现代的考古学家对周原一带更是寄予极大的希望，早在20世纪50年代就对这里进行过多次调查勘探，寻找早周都城，直到1976年在岐山县凤雏村、扶风县召陈村发现了两处西周宫室建筑基址后，才使得周原一带的考古研究出现了转机。

1976年1月，北京大学考古专业为教学实习，与陕西省文管会一起到周原选点。在云塘村路边，他们突然发现在农民拉的车上有成堆的乱骨，夹杂着骨笄、骨削、骨针的骨制品及半成品骨料。他们就地勘察发现，原来这里是一处面积约6万平方米的制骨作坊遗址。接着，他们又选定了与云塘村遗址左右相隔约一两千米的岐山凤雏村南和召陈村遗址。其中凤雏村遗址上红烧土遍地，地下土质坚硬如石；召陈村遗址则是瓦砾成堆。他们推测这是两处内涵十分丰富的建筑遗址，决定对这 3 处遗址同时进行大规模发掘。

4 月的一天，在凤雏村遗址上出土了表明遗址年代的一件高领代足陶鬲，证明这里是西周早期的建筑基址。后经 3 个寒暑的发掘，揭露出一座十分完整的四合院式的宫室建筑群。它坐落在一南北长 45 米许、东西宽 32 米许、面积约 1500 平方米、高 1.3 米的夯土台基上，坐北朝南。其布局有影壁、左右门塾组成的门厅、中院、殿堂、过道、东西小院、后室、东厢房等部分。每一部分建筑与院落之间，都以台阶走道相通。殿堂居中，是这组基址的主体建筑，面阔 6 间，进深 6 米，回廊环绕。两条地下大卵石排水管道，一条南北，一条东西，分别由殿堂前后的中院和东西小院延伸至这组建筑外。这是建于武王灭商之前，废于西周晚期的一座周代最完整的建筑群址。

在召陈村遗址出土了大量西周时期的陶瓦，有板瓦、筒瓦，有的还带有瓦钉和半圆形瓦当，表明我国年代最早的大型瓦屋建筑址就埋在召陈村遗址里。结果在这里发掘出 15 座西周早中期的建筑址。其中 3 号基址为高台"四阿式"瓦顶建筑，东西 22 米，南北 14 米，正面 6 间，面积 280 多平方米；有的建筑在室内还设有取暖用的地下地炉。

在距召陈村遗址以南约一两千米的庄白村西，那里农民挖出一个铜器窖藏坑,经考古人员清理,出土了103件铜器,74件铸有铭文。其中属于微氏的有折、丰、墙、痪四代贵族所作器物55件。最重要的墙盘,铭文284字,记述了文、武、成、康、昭、穆和当时在位的天子恭王共七世周王的业绩和史墙家族史。此外,在周原出土的㝬簋,体积硕大,具有王器风度。

在1977年一个闷热的夏天,考古人员在清理宫室西厢房2号房基的红烧土堆积时,偶然发现了一些没有字的龟甲碎片。这时突然阵雨袭来,工作暂停。雨过天晴后,夕阳下西厢房2号房基地面上出现了两座窖穴的口部,窖穴里居然埋的是17000多片占卜的甲骨,其中有字甲骨近300片,有600多字,其中不同的单字有360多个,字数最多的一片甲骨有30字。字体细小如米粒,笔道似发丝,要用5倍的放大镜方能见其真貌,可说是我国最早的微雕作品。甲骨刻辞内容,主要是卜祭和卜征伐等。年代多属西周早期,也有早到文王的。有的提到成汤、太甲、文武丁、文武帝乙和周方伯等商周王名,以及毕公、箕子等人名;有的提到蜀、巢、密、楚等方国名,以及河、洛、镐、帛等地名。这为研究西周早中期的历史、周曾隶属于商,以及周与其他方国的关系,提供了极为重要的原始记录。

周原地区的这些考古捷报,揭开了早周文化研究的崭新一页,证实了这里是周文王迁丰以前的都城。后经钻探发现,这里还有大量的建筑址、墓葬、手工业作坊址等尚埋于地下,有待发掘。因此,考古学家们犹如获得第二个殷墟那样看重周原。周原将成为西周考古研究的基地之一，许多西周初年的秘史，都将由这里的考古发掘研究揭示。

2 不灭的丰镐希望

公元前12世纪，周文王为了东进灭商，将都城由周原东迁。他选择了八百里秦川的中心区，在沣水西岸建都邑，称为丰。后来，武王灭商后，又在沣水东岸建都邑，称为镐。丰、镐两京一直是西周王朝300多年来政治、经济、文化的中心。

当初周文王这一建都地点的选择，给考古学家们带来了无尽的烦恼。汉、唐两代帝王相继看上沣河附近一带的这块宝地，建造了闻名于世的东方大都会汉、唐长安城。汉武帝还在西周镐京旧址一带穿过昆明池，在10多平方公里内，沿池旁修建离宫别馆。现今要从地下再现昔日丰镐两京的全貌，难如登天！然而考古学家们锲而不舍，经数十年努力，终于开创出丰镐考古新天地。

早在中国考古学诞生初期，一些学者就看中沣河一带的宝地，相继对沣河沿岸进行考古调查，勘察丰镐两京的地理位置。1951年至1953年，调查范围扩大到整个沣河流域，结果在沣河中游的东西两岸发现数十处周代遗址，但所获遗物十分匮乏，考古学家对丰镐两京遗址在何处仍十分茫然。

1954年10月，一位农民在沣东普渡村东门外无量庙住家内挖土时，意外地获得一批周穆王时期的铜器，经考古人员清理，原来这批铜器出自一座长4米多、宽2米多的木椁墓中。计铜器有27件，有多件铜器铸有"长由作尊彝"的铭文。其中一件铜器的铭文，记述了周穆王举行燕礼和射礼，长由参加比射，受到褒奖的史实。从1955年起，中国科学院考古研究所对范围较大的沣西客省庄、张家坡遗址展开了大规模的考古发掘工作。后来发掘工作扩展到沣东。现今所知的沣西西周遗址范围约有6平方公里，跨及客省庄、马王村、张家坡、大原村、冯村、曹家寨、西王村等；沣东西周遗址范围尚有4平方公里多，跨及洛水村、上泉北村、普渡村、花园村、白家庄、斗门镇一带。

1955年开始对沣西的大规模发掘，于1957年结束。那次发掘了5000多平方米，清理属西周时期的房址10多座、墓葬180多座和车马坑4座，以及铸铜、制骨的一些迹象。这次发掘并没有探到丰镐的确切位置，但出土的一大批陶器和难得的几件铜器，却为西周考古的分期断代提供了实物依据。1961年后在沣东展开了大规模发掘，于洛北村等地发现了大型建筑残迹，包括数量较多的西周残瓦，并初步勘明汉昆明池与镐京的地理位置的关系，认为古史记载的镐京位于昆明池北，都址部分或大部分沦没于昆明池中等说法是可信的。

后来，考古学家在沣西、沣东两地清理了数百座墓葬及铜器窖藏坑，甚至多座车马坑，累计出土铜器上百件之多。

进入80年代，丰镐考古开始出现喜人的转机。

1980年，陕西省文管会在沣东对险遭破坏的花园村北边的一片高地进行了钻探与发掘，清理车马坑5座和墓葬12座。其中有车马坑的M15、M17号两座并列墓，出土了29件青铜器。这些铜器的年代明确，有的晚至西周中期。有几件铜器的铭文分别记载作器者曾受到周王赏赐，表明墓主身份较高。紧接着在沣西新旺村铜器窖藏中出土了丰镐考古中最大的一件铜鼎，它高74厘米，口径55厘米，重54公斤。这批铜器的发现，使探索者重整旗鼓，配合当地的动土工程，在沣河两岸再次展开了轰轰烈烈的考古工作。

1983年至1984年，中国社会科学院考古研究所终于在沣西发现了一座面积1800多平方米的大型夯土建筑台基和一个大型墓葬区。台基上的建筑遗迹虽然已荡然无存，但是这处台基比周原凤雏村四合院式的宫室建筑群址还要大数百平方米，引起人们对它周围约13处中小型建筑台基布局的重新关注。

大型墓葬区位于张家坡与大原村之间的峁坞岭，有1500多座，其中以周王重臣井叔的双墓道大墓为中心排列的井叔家族墓地最引人注目。井叔墓地中规模最大的157号墓平面呈"中"字形，总长35米多，葬具有一椁内外两重棺。外棺髹黑漆，内棺髹红漆，墓道内放置车轮、车舆、辕、轴等，墓主为40多岁的男性。在157号墓的东西两侧并列有163号和161号两座墓，161号墓内为四五十岁的女性。在163号墓中尚残存井叔钟等青铜礼器，推测这组大墓应属一代井叔及其妻室的异穴合葬墓地。出井叔铜器的还有170号、152号等墓。这两座墓的规格低于157号墓，分别出井叔方彝和井叔鼎，是年代较晚的另两代井叔之墓。这些墓葬都被盗掘，残存的几件铜器都是难得的珍品。其中163号墓中未被盗贼掠走的"羋中牺尊"是绝世珍品。它高38.8厘米、长41.4厘米，作兽形，头立双角、双耳，曲颈，四蹄足；身有双翼，头顶一虎，颌下一龙，尾部一曲龙；盖钮为一大鸟，盖周缘饰一周双身龙纹；通体饰兽面纹、夔龙纹和雷纹。器腹内及盖内有相同铭文2行6字，即"羋中（邓仲）乍宝尊彝"。这是丰镐地区发现的规格最高的家族墓地，是考察西周高级贵族葬制的典型资料。

沣西、沣东在80年代的这些重大发现，犹似已毁灭了2500多年的丰镐两京再度放射出耀眼的光芒，使人们对丰镐两京的探索寄予无限的希望。

8. 琉璃河畔寻燕侯

1990年4月1日，北京市文物局在天安门广场南侧的正阳门城楼上发布了一条新闻：北京作为都城始自距今3000年前的西周初年。这是西周燕国考古经历了30多年的探索所取得的辉煌成就。

早在1955年5月12日，辽宁省凌源县营子村农民在马厂沟小转山子种地翻土时，不意发现16件铜器，6件铜器上铸有铭文，其中一件为匽侯盂。这一意外的发现，引起人们对西周燕地范围和燕国都城位置的极大关注。

燕国在战国时期是七雄之一，有《战国策·燕策》记载燕国事迹。但是史籍中对西周时期燕国史的记载却十分简略，只提到周武王灭殷封召公于北燕。因此，现今对西周时期经营北方起过重要作用的燕都及燕国史的研究，寄希望于考古发现。然而这方面的考古研究进展得十分缓慢，直至1973年才在北京市郊的房山县琉璃河找到明确的线索。

1973年，琉璃河黄土坡一带正在展开大规模的平整土地的工程。这里早在10多年前就发现多处殷周时期的遗迹，1964年还在挖菜窖时挖出两件有铭铜器，被考古学家认为是一处很有希望的遗址。1972年开始对遗址进行广泛的勘察。为使遗址免遭破坏，1973年，中国科学院考古研究所、北京市文物管理处等单位依据1964年在黄土坡发现铜器的线索，在这里进行了大规模的考古发掘。前后两年共发掘了近30座木椁墓和3座车马坑，个别较大的墓有南北两个墓道，铸有燕国史实铭文的铜器陆续出土。如253号墓出土的"堇鼎"，高62厘米，有铭文26字，记述了燕侯命堇到"宗周"（丰镐）向太保（召公奭）奉献贡品的史实；同出的另一件铜器器主"圉"曾参加在"成周"（洛阳）举行的典礼，受到周王和燕侯的赏赐；251号墓出土的"伯矩鬲"记述器主"伯矩"受到了燕侯的赏赐。

具有巧合意义的是，当"伯矩"、"圉"这两个族在周初与燕侯的从属关系在琉璃河墓地铜器上被证实的同时，在长城以北的辽宁喀左县于1955年发现铜器群不远处，再次发现了大批有铭青铜器，其中包括"伯矩甗"和"圉簋"，与长城以南的琉璃河墓葬出土的"伯矩鬲"和"圉方鼎"等器为同一族组器。在喀左出土的这批铜器中还有叀族的器物。"叀"为商代一巨族，延续至周初，活动在燕山南北地区，是西周早期燕迅速发展的基础，而在20世纪初，卢沟桥一带出土的"亚盉"铭文上记有"叀"族人"亚"受到了燕侯的赏赐。

这些都证实燕国势力范围已达到长城以北的辽西一带，是雄踞北方的一个大国。探寻这一大国的都城以及王陵，对于考古发掘人员来讲是十分诱人的，而且在琉璃河黄土坡一带还有一座规模可观的城址。此外，通过钻探，发现附近地下有200多座墓葬，考古人员推测其中可能有燕侯的陵墓。

1981年至1986年，中国社会科学院考古研究所与北京市文物工作队再度合作，对这里的城址和墓地进行了全面的考古勘探和揭露发掘，终于勘明了已发现数十年而长期不清楚的燕国早期都城的概貌，揭露出300多座西周墓葬及多座车马坑。

燕国早期都城遗址坐落在遗址中部的董家林一带。北城墙长800余米，东墙与西墙分别探出300余米，南墙及东西墙的南段已被破坏，长度不明。墙体夯筑，宽10余米，主城墙下部两侧有"护坡"，城外侧有壕沟。城内已发掘出房基等遗迹。

燕国墓地位于城址东南的黄土坡。其中大墓分别设有1、2、4条墓道,附葬车马坑,车马坑中最多的埋车10辆、马42匹,墓中随葬成组的青铜礼器、玉石器、漆器、原始瓷器以及兵器、车马器等。多座墓出有"匽侯"铭文的铜器,如"匽侯舞戈"、"匽侯舞易"等字。其中1986年发掘的1193号墓葬规模最大。然而该墓是被盗掘的一座墓葬,在1974年的考古钻探中就已发现,并依据钻探所知墓葬的规模,推测它可能是燕侯陵墓,但因种种原因,历年来的发掘未敢涉足此墓。这是琉璃河墓地中规模最大的一座墓葬,并且是唯一有4条墓道的大墓。墓室南北长7.68米、东西宽约5.5米,墓底距地表深10米多,4条墓道开在墓室的四角。它的盗洞面积达半座墓室。幸运的是,该墓仍出土了200多件器物,有铜礼器、工具、兵器、马器、漆器等。其中长4米多的矛和铜饰漆盾同时出土,是矛、盾结合使用年代最早的发现,也是我国兵器史研究的珍贵标本。墓中盗剩的3件青铜礼器中,罍和盉都有较长的铭文,两器内容相同,各43字。铭文从"王曰太保"开头,褒扬太保本人;又有"令克侯于匽"等字句,以及授民疆土方面内容。这是两件关于燕国立国历史的难得物证,同时也表明墓主是地位显赫的一代燕侯。

4 晋侯墓地和虢国墓地上的风波

1993年4月,北京大学考古学系教授邹衡应上海博物馆馆长马承源的邀请,去参观不久前该馆用重金从香港购回的一批西周晋国铜器。这批晋国铜器大都有铭文。使邹衡惊喜不已的是,其中大小依次的14件甬钟上的铭文内容,不仅前后相连,而且与他在1992年秋发掘山西曲沃县曲村—天马遗址上一座大墓所获的2件甬钟的铭文相接,成为一套完整的甬钟和一篇300多字的周宣王东征史实录,从而首次披露了西周中兴时期的一项重大史实。他立即意识到,这些铜器就是他在晋侯墓地发掘的间歇期被不法分子偷盗走的一批文物精品。

据文献记载,春秋时期的大国晋,最初是由唐叔虞在西周成王时受封而立国的,但史籍中对西周时期晋国都城的位置则缺乏明确的记载。1979年秋,北京大学历史系考古专业和山西省文物工作委员会合作,对山西南部的翼城、曲沃两县进行了一次旨在探索早期晋国的考古复查和试掘。因为,早在1962年9月于翼城凤家坡发现了一座西周初年的铜器墓,一年后又发现曲沃县曲村、北赵、天马一带是大型的西周晚期遗址;50年代在侯马一带发现了规模巨大的东周遗址和数座古城址,1965年在侯马又发现了晋国世卿赵鞅同卿大夫举行盟誓的遗址和盟书,确认这里就是东周时期晋国晚期都城新田。这些发现为探索晋国早期都城打下了基础。工作结果则使考古人员进一步确认曲沃、翼城两县境内的曲村—天马和苇沟—北寿城两处大型遗址有可能是早期晋都遗址。遗憾的是,考古人员未及时对这两处大型遗址进行发掘,却被盗墓贼打上了主意。

盗墓贼是在1986年冬染指曲村—天马遗址的。起初盗发了一些小墓。至90年代，黑手开始伸向遗址中心区的大墓。盗墓贼采用地道式盗掘，在距大墓15米外的水井中，横向打洞至墓室。至1992年初，3对6座大墓惨遭浩劫。北京大学考古学系和山西省考古研究所再次携手，对遗址开展清理劫余，发掘了已遭洗劫的1对2座大墓，同时探明了另外3对6座大墓，由此确认这里就是早期晋侯墓地。

幸运的是，在已探明的另外3对6座大墓中，有1对2座大墓尚未被盗掘，而且是已发现的墓葬中规模最大的2座，也就是说，西周时期规模最大的一对晋侯墓葬尚完好无损地在地下等待着他们。谁料，当考古学家们于秋天重返晋侯墓地时，盗墓贼已将墓中椁底一边的文物精品席卷而去。上海博物馆用重金从香港购回的14件甬钟等史料价值极高的青铜器，即是从此墓中被盗走的。至1994年11月，晋侯墓地上其余4位晋侯及其妻妾墓葬，才一一揭尘而起。盗墓的主犯也于1995年5月25日被一一正法。

晋侯墓地共埋葬8组17座大墓，其中4组10座大墓完好无损，出土了大批精美绝伦的青铜器、玉器等文物，以及一批珍贵的史料。8组晋侯墓葬的年代，起自西周昭、穆之际，止于春秋之时，约经历了晋武侯至文侯连续八代晋侯，整个墓地的使用时间约近200年。这是我国至今发掘的西周诸侯墓地中最完整的一处，对整个西周考古和历史的深入研究都将产生积极的推动作用。

虢国墓地比晋侯墓地早发掘30多年。1956年冬，黄河水库考古工作队在河南省三门峡市以东4.7公里的黄河南岸台地上，发现一座虢国太子的墓葬。他们推测这里可能是公元前655年晋献公采纳大夫荀息的计策，"假虞伐虢"后被灭国的虢国墓地。于是，1957年考古人员在这座墓的周围进行了大规模的发掘。结果发现了234座墓、3座车马坑和1座马坑，出土文物9100多件，发掘者据此推论位于墓地南部不远、面积达30多万平方米的李家窑遗址就是虢国都城上阳。为了全面研究虢国公墓的葬制，他们还向墓地的东、南、西三个方向进行了普遍的铲探，找到了墓地的边缘。为保护崖头的地基，向北的一面没有铲探，墓地的北部边缘未能确定，但他们估计这个墓地已被全部揭露。

1990年元旦前后，在考古学家们没有铲探的墓地的北面，当地村民在原发掘区以北200米处挖地基时，碰上了另一片墓地，一个盗掘之风就地刮起，顷刻之间，15座墓遭到破坏。河南省文物研究所马上对墓地进行清理，同时对一座已盗挖10米深尚未触及墓室的大墓进行了重点发掘，那就是M2001号单椁重棺大墓。

M2001号大墓的墓口面积约19平方米，坑壁施涂料装饰，这在已发现的两周墓葬中首次见到。墓中出土文物3200余件，包括大量精美的青铜礼乐器和玉器。其中青铜器700多件，有九鼎、八簋、八鬲等成套青铜礼器，8件一套甬钟上有可判明墓主身份的铭文，一件大鼎上有"虢季"等铭文，证实该墓墓主为虢国国君。令人激动的是，墓中出土的一件玉茎铜芯铁剑，是目前所知年代最早的人工冶铁实物。墓中还出土了重400多克的黄金腰带饰等罕见的文物珍品。

M2001号大墓的发掘，使考古学家们意识到这里就是虢国国君兆域区，也就明白了为什么在50年代发掘的230多座墓中没有国君一级的墓葬。他们扩大发掘范围，又发掘了另一位随葬3000多件珍贵文物的虢国国君虢仲的墓葬以及其他贵族的墓葬，使学术界再次掀起了虢国考古研究的热潮。

90年代虢国墓地的发掘，确认了两周之际虢国的地望，证明了其为虢季的支族之一，揭示了许多鲜为人知的历史事件，使一个"唇亡齿寒"的历史典故在这里得到了印证；同时，也进一步充实了两周时期的"公墓"制度的资料，成为研究姬姓贵族葬制等级最为典型的墓地。

擂鼓墩地下乐宫的旋律

古代中国是个礼乐之邦，早在距今4000年前的中原，就已使用鼍鼓、特磬、铜铃等乐器，商周时期操琴击鼓之事已蔚然成风。《国语·周语》记载先秦已形成有十二律制，一些史籍中也能见到先秦中一些乐器的名字，现今一些博物馆中还收藏有不少传世的或考古发掘出土的古乐器。然而，令人称奇的是，在20世纪70年代的最后一个金秋，中国历史博物馆二楼大厅内忽然飘出阵阵优美动听的古旋律。原来这是出自湖北省随县擂鼓墩1号墓中的一架巨型青铜乐器，历经2400年的沧桑与磨难后，正在大显神威。它由65件古钟组成，发出的旋律既清脆明亮，又深沉浑厚，令人陶醉。

擂鼓墩1号墓的发掘，是湖北省古墓发掘史上最为辉煌的一页。该墓最初是中国人民解放军某部在扩建厂房时，对随县县城西北2公里的一个小山包平整土地时发现的。这座墓葬形状特殊，平面呈不规则的多边形，东西21米，南北16.5米，总面积220平方米，深13米多，墓坑内积石、积炭并填实青膏泥，其中填炭达6万公斤。该墓有一盗洞，但墓室似未遭扰乱。发掘者为发掘这一巨大的墓葬，几乎汇集了湖北省全部得力的发掘人员和有关方面的技术专家，在当地驻军的配合下，动用飞机、大吊车、载重卡车等设备，展开了一场轰轰烈烈的古墓发掘大会战。

当吊走墓室上的椁板后，墓中呈现出一池清水，水深3米多，10多具木棺漂在水上，整个椁室几乎是泡在水中。发掘者为清理这巨大的棺椁费尽了心机。椁室高约3.5米，由171根长条方木垒成，共用成形木料380立方米，合计原木料500多立方米。椁室隔成东、北、中、西4室。主棺置于东室，分内外两层。外棺长3.2米、宽2.1米、高2.19米，是在铜质的巨大框架上镶嵌木板构成的，仅铜就重达3吨多，总重量达7吨多。棺外先涂黑漆，再绘以朱、金黄色花纹。内棺长2.49米、宽1.27米、高1.32米，用大型厚木制成。内涂朱漆，外以朱漆为地，绘以黄黑色彩花纹。

一端绘窗户，两侧绘门，门两旁绘神兽武士。内外两棺净重10多吨，令8吨大吊车望而生畏。墓主为45岁左右的男性，后据一些铜器上的"曾侯乙"铭文，获知他是位死于公元前433年或稍后的曾国国君曾侯乙。墓中的其他21具木棺，均是为他而殉葬的妃嫔乐舞之人。

在200多平方米的椁室内，除20多具木棺外，还堆满了万余种奇珍异宝，其数量之多、制作之精，举世罕见。其中青铜器包括礼、乐、车、兵等各种器物，总重量达10余吨。这些铜器大多是浑铸、分铸和二者结合焊接等方法铸造的，有的用浮雕、镂空、错嵌等技术制成。其中一件尊盘，口沿上细腻多层的镂空附件系用失蜡法铸造，是当时已掌握高超青铜铸造工艺技术的实证。填补考古学研究空白的还有绘有二十八宿名称资料的漆木箱、6600多字的墨书篆体简文、十六节龙凤玉挂饰，以及清理复原的人甲胄和马甲等。

发掘者在这里还发现了一座"地下乐宫"，即椁室的中室及其鲜为人知的满室古乐器。挂着60多件、2500余公斤重的古钟的一座曲尺形三层钟架屹立在中室内。与它配套的还有成套的编磬、鼓、瑟、琴、笙、排箫、篪等，共124件，管弦乐器与打击乐器俱全。其中竹管、排箫、铜座建鼓、十弦琴、五弦琴均为首次出土。这座钟架为铜木结构，全长10米多，高2.7米多，中下层横梁由3个佩剑青铜武士分别用手、头顶托着。共有19件纽钟、45件甬钟、1件镈钟，依大小和音高为序组成8组悬挂在钟架上，最大的一件高153厘米，重203公斤许；最小的一件高20厘米许，重 2.4 公斤。经音乐史专家黄翔鹏等人测音研究，每个钟都能敲出两个乐音，整套音阶结构与现今国际通用 C 大调七声阶属同一音列，总音域跨至 5 个八度，其中心音域 12 个半音齐备，可以"旋宫转调"，至今仍能演奏多种曲调。编钟上有篆体铭文，多为错金文字，共有 2800 余字。除"曾侯乙乍畤"外，其余均是音乐方面的，可分标音与乐律两大类。这架古钟所体现的音乐水平，倾倒今人！

这座气势庞大的地下乐宫及无与伦比的成套编钟的出土，是中国田野考古发掘史上的一大盛事，古乐器考古研究因它的出土而掀起热潮。

6 灵山下的一块引导石和中山国的一个秘密

早在 20 世纪 30 年代，在现今太行山以东、河北省平山县城北的灵山下，不意发现一块硕大的河光石，它长近 1 米，宽、厚近半米，上刻篆字两行，意为"监管池囿的大臣和看守陵墓的旧将，敬告后来的贤者"。这块河光石已道出这一带藏匿有距今 2300 年前一个小国的一段秘史。但在那个战火纷飞的年代，无人顾及它，后来竟被遗忘殆尽。

40 年后，河北省文物管理处在考古调查中，又忆起了这块河光石，从而揭开了春秋战国时期中山国考古发掘的序幕。

中山国是在距今 2500 多年前由鲜虞族的一支南

下，依据太行山屏障，向东扩展后建都立国，并与汉族杂居。它在战国中期国力上升，跃居当时五个千乘国之一。它的国力远不及当时拥有万乘之国的秦、齐、楚、赵、魏、韩、燕七雄，史籍中对中山国的记载也十分简略。然而灵山下的10多年考古发掘却使史学界大开眼界。这里除了发现一座约10平方公里的中山国都城灵寿城址和上百座墓葬外，还在城内发现多处大型建筑基址和斗拱建筑材料，以及铸铜铁的作坊址、铸币遗址等。其中1974年至1978年对两座王陵的发掘，获得了许多未被人知的中山国秘史。

两座王陵，一座在城址以西的西灵山下，称为1号墓，其东侧并列有2号大墓尚未发掘。另一座在城内西部的东灵山下，其两侧并列有3座墓葬。其中1号墓规模最大，是中山王礜陵墓，其上有大型夯筑封土和享堂建筑。封土长110米、宽92米、高约15米。享堂可复原为周绕回廊、上盖瓦顶的台榭式建筑。封土下除1座中字形主墓外，还有6座陪葬墓、3座葬物坑，墓前两侧另有2座车马坑、1座杂殉坑和1座葬船坑。该墓出土器物数以千计，除礼、乐、兵、车器外，许多别开生面的动物造型金银镶嵌铜饰以及银首人俑铜灯、金银镶嵌龙凤形铜方案、人逗群猴十五连盏铜灯等，反映了当时极高的工艺品制造技术。巨大的旗杆顶上"山"字形铜器，尚不见于其他战国诸雄墓葬中，展示了威风凛凛的中山国王权。"中山王陵兆域图"铜版的问世，则是战国建筑史研究上空前的发现。它长94厘米、宽48厘米，用金银镶嵌出中山王陵园的平面规划图。图上详注陵园各个部位的尺度,并附关于营建陵园的王命,使 2000 多年后,人们还能依此认识当时国君陵墓的布局以及王、王后、夫人等不同级别人物的葬制规格;同时也表明被誉为世界第八奇迹的秦始皇陵的形制,至迟在战国中晚期三晋和中山地区已成定制。

中山王陵中的件件文物似乎都染有东周中山国秘史的色彩,而最引人注目的是器物外表镌刻铭文的青铜方壶、圆壶及铁足大鼎(合计 1101 字),即所谓中山三器。铭文记载了中山国的历史,具有极高的史料价值。其中既有中山王嚳告诫嗣王鎜警惕像燕国因臣主易位、逆天违人而身死国亡这类事件的重演;也赞颂了中山国曾由相邦司马赒亲率三军之众参加公元前 314 年齐国发动的伐燕战争,并取得夺地数百里、城数十座的赫赫战绩。更重要的是,依据这些铭文可推出七代中山王的世系,获知中山王嚳陵墓葬于公元前 310 年前后,墓中各种精美绝伦的文物因有此明确的年代而身价倍增。

中山国的历史因这座陵墓的发掘而得到了重要的补充,灵山下城址等各种遗迹的年代与性质,也因这一陵墓的发掘而得到了肯定。在后来的 10 多年里,这里成为东周考古发掘研究的重要基地之一。

7 发掘十年的秦公大墓

中山王陵、曾侯乙等东周诸侯国陵墓的相继发掘及其引发的强烈的社会反响，推动了我国东周考古研究的发展。人们不约而同地将发掘眼光转向了东周时期各国的陵墓，其中在战国后期吞并山东六雄的秦国王陵，受到世人的日益注目。

1976年夏，陕西考古研究所依据《史记·秦本纪》等古文献线索，在凤翔县西北灵山上进行勘察，但一无所获。那年底，三畤原一带农民反映地里的庄稼不茂，土硬如石。考古人员迅速赶往那里。早在1962年，他们在距此以北10公里处就发现了秦德公于公元前677年所都的雍城，因而认为三畤原一带地下可能有与雍城相关的遗迹。经钻探，果然发现了一座秦公陵园。后来扩大钻探范围，前后10多年，共发现包括13座秦公陵园在内的一个公元前600多年至公元前300多年的巨大秦国陵区。陵区平面呈梯形，外有一条壕沟（隍壕）围绕，总面积达21万平方米。每座陵园也均有壕沟围绕，内有一两个或三个主墓，有的墓上有享堂遗迹。其中最早发现的位于陵区中部偏北的1号大墓，是至今所知东周列国中规模最大的"中"字形大墓。该墓室东西长约60米、南北宽38.5米，加上东西墓道，全长达300米，总面积5330多平方米。

这座墓葬太大了，他们发掘了3年还未及墓中的椁室，但已知该墓有3层台阶，深达24米以上。当他们揭去后世覆盖的尘埃时，墓圹中露出在汉、唐、宋历代多次盗掘的盗洞，数量达247个，似蜂窝一样布满墓坑，满目疮痍，惨不忍睹。这些盗洞随着发掘的推进而向墓室延伸，似直插墓底。发掘者以极大的责任心，坚持了长达10年的发掘。当发掘至椁室周围的二层台上时，发现了166具带箱殉葬或带匣殉葬的姬妾近臣、工匠以及家内奴隶，在填土中还发现了20具人骨，比史载秦穆公从死者177人还多。可以认为，它是中国考古学史上发现人殉人牲最多的大墓，因而引起人们对墓中遗存物及墓主的极大兴趣。

1986年5月2日，是秦公大墓发掘开椁的日子，椁室清理了40多天才降下了我国先秦第一大墓田野考古发掘的帷幕。

墓主是谁？这是人们最关心的话题。发掘者根据出土的石磬残片上用大篆刻写的"天子匽喜，龚桓是嗣"等字样，推断墓主是死于公元前537年的秦共、桓二公后的景公。他在位40年，将秦国势力不断向中原推进，是秦国史上地位昭著的一代国君。他的墓椁有主副椁室，平面呈曲尺形。主椁室长14米多、宽5.6米、高5.6米，副椁室长6.3米、宽约5米、高2.6米。整个椁室外观如同长方形体的木屋，是迄今发现的先秦时期最高等级的葬具。其中主椁室的构筑形式，是后世天子级别葬具——"黄肠题凑"式椁室的前身。

墓中珍贵文物大都已被盗走，但仍清理出3500多件，包括金、石、玉、铁、漆木、纺织品等。其中20多件铁器多系铸铁，退火脱炭技术很高，犀利而又具韧性，补证了秦国在公元前500多年就已铸造铁器的空白。

秦公大墓的发掘，将秦国的国力早在公元前500多年就已雄踞天下的史实大白于天下。

四 争奇斗妍的历代都城考古

都城，是一个国家最高权力机关的所在地。自秦统一中国后，我国的都城，除政治、军事外，经济、文化等方面也都集全国精华于一地，城市规模空前扩大，开始出现百万人口的大都市。它是记录一个时代的微缩景观，国盛而城大，国衰而城毁。然而，这些微缩景观或是被毁于战火，或是历代沿用更迭，经千百年的沧海桑田，大都已不见原貌，甚至无迹可寻。

我国对古城系统的考古发掘工作，直至50年代才开展起来。一开始就抓住了在中国历史上作用和地位最为重要的汉、唐都城——长安城展开工作，后来发掘工作遍及历代都城址。

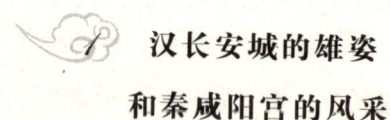

1 汉长安城的雄姿和秦咸阳宫的风采

汉长安城的发掘，是我国考古学上首次进行的有目的、有系统的古代都城的考古研究，目前尚在继续中，前后历时约40年。

汉长安城位于今西安市西北约3公里、渭水以南约2公里，是西汉开国时所定的都城。汉高祖时仅建有长乐宫、未央宫、武库；汉惠帝时筑城墙，并建东、西两市；汉武帝时增建明光宫、桂宫，修北宫，并在城外建章宫，扩建上林苑，开凿昆明池。至此，都城的规模大备，成为当时东方最大的城市，其规模可与欧洲的古罗马城相媲美。王莽时在城南建明堂、辟雍、九庙等礼制建筑。但经新莽末年的战火，长安城从此一蹶不振，直至唐代初期彻底废弃。20世纪50年代，在昔日的都城遗址，但见残存的城墙绵亘起伏，重重叠叠的瓦片遍地皆是。

1956年10月，中国科学院考古研究所的王仲殊率领考古队奔赴汉长安城遗址，经过1个多月的勘察，探明了城墙的范围，了解了地下堆积情况。第二年3月，他们再次来到这里。这次他们准备先从究明城墙和城门入手，然后再有步骤地发掘政治中心所在的各个宫殿区，以及城内的街道手工业区、商业区、官府、贵族宅第和一般的居住区，最后将工作范围扩大到城外的离宫别馆和宗庙、陵墓等。我国发掘古城的一整套方法，便是在对汉长安城的发掘中开始积累的。经过6年的风吹雨淋，一座昔日繁华的东方第一古都终于再露峥嵘。

城址平面近方形，旧称"斗城"，东城墙长约6000米，南墙长约7600米，西墙长约4900米，北墙长约7200米，总面积为36平方公里。墙基宽12~16米，墙外侧绕以宽约8米、深约3米的城壕。城四面各有3座门,每座城门有3个门道。其中西墙直城门中间门道宽7.7米,两侧门道为8.1米,门道间距4.2米。门两侧有石础,原建有木构门楼。通过对东墙宣平门和霸城门、南墙西安门、西墙直城门的发掘,发现这些城门都存有战火和重修的痕迹,由此证明了长安城在东汉以后的魏晋、五胡十六国时期、西魏、北周至隋初,一直是一个重要的城市。

城内大都为朝廷各种机构的建筑物,五大宫殿群及武库和东、西两市占据长安城面积的绝大部分,其中长乐宫、未央宫占全城面积的一半。长乐宫又称东宫,汉初为皇帝视朝之处,惠帝改为太后寝宫,位于城东南角,平面近方形,四周有宫墙,墙基宽20米,周长1万米以上。未央宫又称西宫,为皇帝朝会之处,位于城西南角,平面方形,四面有宫墙,东西长2250米,南北宽2150米。其中前殿基址,南北350米,东西200米。北部高台高达15米。

位于长安城南郊的10多座礼制建筑群遗址发现较早。1955年10月,陕西省文管会在西安市西郊清理古墓时,意外发现了大量的建筑遗迹。1956年7至12月,他们在这里探出了9处规模颇大的汉代建筑址。后经中国科学院考古研究所的大规模发掘和研究考证,原来它们是长安城南郊的10多座礼制建筑群遗址。这些建筑规模宏大,结构复杂,是按照儒家的传统礼制和当时流行的阴阳五行学说设计的,充满了神秘的宗教色彩,其中以明堂、辟雍和王莽九庙遗址保存最好。

明堂、辟雍合二为一,平面呈外圆内方。中间一座方形夯土台，边长约205米，中心为直径62米的圆形夯土面，其上建平面呈"亚"字形的主体建筑。整个建筑的四周又有正方形围墙，每边235米。四面各开一门，围墙四隅建有曲尺形配房。围墙外再绕以圆形圜水沟。王莽九庙与明堂、辟雍东西对应，由12座形制相同的建筑组成，每座建筑四周都有围墙。其中1～11号基址又组成一组，外围以方形围墙，围墙边长1400米。12号基址在它的南墙外正中。这些建筑，除外边无水沟环绕外，其平面布局与明堂、辟雍相似。

至1962年，汉长安城址的布局已大体明朗，考古学家们将下一步的发掘目标瞄准了西汉政治活动的中心点——未央宫。然而未央宫的进一步发掘，则是在近20年以后明确了武库位置才展开的。武库的位置，史籍的记载不尽相同。经1975年至1977年的发掘，弄清楚当时中央兵器库的位置是在长乐宫与未央宫之间。它东西长880米、南北宽320米，四周建有围墙，其内有库房基址7处。

被广为关注的未央宫遗址的再次发掘，是在70年代末进行的。起初仅是勘察发掘未央宫周边的建筑遗址，1981年后开始发掘未央宫内北部的大型宫殿址，先后揭露出2、3、4号三座大型宫殿址。其中3号宫殿址为皇后居住的椒房殿，面积达万余平方米，由正殿、配殿及厢房等组成。正殿前有双阙，内有庭院、踏道、回廊、水井等，并首次发现了暗道。4号宫殿址为少府或其主要官署建筑。2号宫殿址是管辖全国各地工官的官署，面积近万平方米，其内出土数以万计的记录各地向中央进贡时系在物品上的刻字骨签，反映了当时各地手工业生产的发展状况、不同年代的进贡物在数量上和品种上的变化，以及各地基层官制的设置情况。

据史籍记载，汉长安城中的各宫之间都有飞阁复道相连。现今发掘的遗址已经见不到这些。不过考古学家们在汉长安城以北的秦咸阳宫遗址内，再现了这种飞阁回廊式宫观建筑。

秦咸阳宫的考古工作始于1959年，在渭水北岸发现了12处大型建筑址和一段宫城墙，大体确定了秦咸阳宫的位置。1973年至1982年，又先后发掘了宫城内一组保存较好的高台宫观基址。它坐落在秦的上原谷道（今名牛羊沟）的东西两侧。西侧为第1、3号基址，东侧为第2号基址。这3座对峙的建筑基址由跨越谷道的飞阁回廊连成一体，成为台榭复合体的宫观建筑。它的发现表明，秦始皇令咸阳之旁二百里内宫观二百七十复道、甬道相连的记载，并非虚指。其中1号基址平面呈"凹"字形，东西长177米，南北宽64米，台高6米。已清理的西半部基址分上下两层建筑。上层正中为主殿，地饰朱红，研究者推测这里是秦始皇所使用的厅堂。厅堂周围及下层，分别为设有壁炉的卧室、盥洗、沐浴等室，底层有回廊怀抱。大厅南侧有宽阔的大露台，由此可以俯瞰全城，并可远眺渭河与南山风景。在3号基址上还发现了长32米多、宽5米、分作9间的画廊，两边壁画题材为秦王出行车马仪仗之属，有车马、人物、花木、建筑等形象，是我国最早的宫殿壁画资料。

两千年前秦咸阳宫宫观建筑址的问世,令现今的建筑大师们大开眼界。它尽收战国七雄的建筑风采,将具有我国特色的大体量、多层楼阁的高台建筑提前到秦代;而汉长安城的再现,则揭示了我国统一王朝初期的都城雄姿及其营建布局的特色,为研究秦汉以来历代都城的布局演变,迈出了坚实的第一步。

2 几度兴衰的汉魏洛阳城

洛阳居天下之中,较关中的长安便于控制东方,易于漕运。早在西周成王时,便在今洛阳市东约15公里处建筑有成周。汉高祖时,左右大臣大都劝他以洛阳为都。但直至东汉,洛阳才真正成为全国政治、经济和文化的中心,呈现出繁华盛世的景观。后来,洛阳几度兴衰。东汉末年董卓焚烧洛阳,使洛阳一带成为千里无人烟的寂寞之地。曹魏时再次看中洛阳所具有的重要地理位置,在废墟上重建都城。至西晋时,洛阳再度呈现繁荣景象。但西晋末年永嘉之乱后,洛阳再次毁于一旦。北魏统一北方后,孝文帝迁都洛阳,扩建城址,都城形制为之一变。40多年后,洛阳城在战火中又化为一堆瓦砾灰烬。隋唐洛阳城开始了它最辉煌的时期,但西移15公里至今洛阳市区一带,原汉魏洛阳城遂成废墟延续至今。考古学家因此而得以在这里大显身手,对这座在中国古都演变方面起过重要作用的废墟,进行了全面的勘察与有选择的发掘。

汉魏洛阳城的考古工作始自1954年，时断时续，至今仍在进行。其中1962年夏至1964年，中国科学院考古研究所以铲探方法，勘察了城垣、水道、宫城、城内道路及其他建筑遗址，绘制了有关的实测图，为深入考察、研究汉魏洛阳城打下了基础；1972年发掘了城南郊的明堂、辟雍遗址；1974年冬至1975年春又在城南郊发掘了一座我国最早的天文观测台——灵台遗址；1979年开始发掘城内著名的永宁寺塔基；1984、1985年发掘了北城垣1号马面及东城垣北门建春门遗址等。经过约40年的工作，大体明确了洛阳城的平面布局。

东汉洛阳城呈不规则长方形，曹魏和北魏续之。西城墙残长4290米，墙宽约20米，有5座城门。北墙全长约3700米，宽25～30米，有2座城门。东墙残长3895米，宽约14米，有3座城门。南墙因洛河北移被毁，估算城周长14345米。

曹魏时期，魏明帝曹睿仿效他祖父曹操在邺城西北角筑铜爵台、冰井台和金虎台的经验，在洛阳城西北角也建筑了小城，称作金墉城。据记载，金墉城又称"洛阳垒"，在军事上有制高点的作用，占领金墉城可控制洛阳全城，所以在西晋末年"永嘉之乱"的洛阳争夺战中是交战双方的必争之地。史学家曾为考证金墉城位于原洛阳城内还是城外绞尽脑汁。后经考古学家多次实地勘探与发掘，究明了魏明帝在洛阳城的西北角城内建了金墉城。在洛阳城的西面和北面的城墙上还发现了墩台，间距约120米。这种设在城墙外壁的墩台，其作用在于加强防守。

东汉时期的洛阳城内有南北两个宫城，它改变了西汉长安城长乐宫与未央宫东西布局的格式；而北魏洛阳城又废除了南北两宫制度，建立了单一的宫城。宫城的位置在全城的北部而略为偏西，平面为一规整的长方形，四面筑有围墙，南北长约1400米，东西宽约660米，其面积约占全城的1/10。这是北魏洛阳城最重要的改变。从此以后，历代都城仅筑一个宫城。

北魏时期大兴佛事，广建寺院。据《洛阳伽蓝记》记载，洛阳佛寺多达1360多所。其中永宁寺作九层浮屠，高出地面一千尺，去京师百里之外也可遥见。经考古发掘，永宁寺位于宫城南门——阊阖门南约1公里的御道铜驼街以西，平面呈方形，四周夯筑围墙，南北长305米，东西宽215米。中心为方形塔基，今塔基残高约8米，其上有五圈124个方形柱础石。正中有一座土坯垒砌方台，长宽均20米，在其东、南、西三面壁上各有5座弧形壁龛，供奉泥塑佛像。

在历年的考古探索中，考古学家特别注意北魏洛阳城是否有外廓城。据杨衒之于洛阳城荒废后的公元547年重游洛阳之后所写的《洛阳伽蓝记》一书记载，外廓城东西10公里、南北7.5公里，全城划分为320坊，每个坊呈方形，四周筑有围墙，边长为0.5公里，规划得十分严密整齐。至80年代，考古学家终于在地表下探明了廓城北、东、西三面廓城墙的大体位置：北城垣位于邙山南坡高处，南距洛阳内城北墙约850米；西城垣东距内城西墙约3500～4200米；东城垣西距内城东墙约 3500 米。同时还探明了廓城内的主要道路、河渠，确认了廓城的一些重要建筑和设施的大体位置与范围，发掘了位于廓城内的北魏洛阳最大商业市场"大市"遗址。这些工作为系统考察洛阳里坊、商市、官署、寺院等创造了基本前提。

积 40 年的考古工作成果，北魏洛阳城的形制和布局日趋明朗。人们由此看到自两汉以来，北魏洛阳城的形制和布局出现了划时代的变革，它为后来中国最大的古都——隋唐长安城和洛阳城的发展奠定了基础。考古学家们不约而同地把注意力集中到年代上晚于东汉洛阳城、早于北魏洛阳城，并对北魏洛阳城建置起过重要影响的曹魏邺城。

8 穿流沙寻邺城

邺城位于太行山东侧的河北省临漳县境内，包括南北毗连的两个城址，漳河横贯其间。在我国古代，凡统治太行山以东地区但未能控制整个黄河流域的割据政权，一般都要建都于此。其中北邺城为曹魏所建，是当时我国最为繁华的三都之一，有《魏都赋》流传至今；南城为东魏所建。至隋统一之前，邺城毁于兵火。

邺城因开创了一种崭新的城市布局，而受到历代史学家的重视。但是，由于漳河的泛滥，地表不见城垣，城址位置一直不能确定。早在 1935、1957 年，考古学家曾多次来邺城一带考察，但仅见当年曹操时所建铜爵台与金虎台台基，别无其他遗迹可寻。1976年，一些考古人员再次来到这里，因地下积沙很厚，仅初探了南邺城的部分城垣。1983年，中国社会科学院考古研究所、河北省文物研究所合组邺城考古队，在漳河南北展开了全面的考古钻探和发掘工作。他们根据这里地表沙层厚、地下水位高的特点，采取广泛钻探和重点发掘相结合的方法，在钻探的基础上，对城墙、道路、台基等用开探沟的方法，以印证钻探情况，了解其地下遗迹的年代、结构等。经过6年多艰难的野外工作，在毫无地表线索的情况下，他们居然探明了北邺城的平面布局。北邺城东西2400米，南北1700米。南城墙在今漳河北岸，墙基宽16.3米许，今起河堤作用。在南城墙上还发现了3座门址，自西而东为凤阳门、中阳门、广阳门。东墙探出部分长1300米、宽15~18米，发现了建春门门址。在北城墙发现了广德门门址。顺着城门的方位，探出了6条街道，从西墙的金明门至东墙的建春门的东西大道已知长2100米、宽13米。南北向大道5条，其中城址正南门—中阳门大道，长730米，宽17米，是北邺城南北向最宽的中轴线主干大道。

著名的邺城三台位于西城墙金明门以北，仅存金虎台和铜爵台局部。据记载，三台之间有阁道相通。台上有楼阁，台下有暗道，与城西兵营相接。这里是建安文学的诞生地，曹操曾率子及众文士登台赋诗，曹子建作《登台赋》："建高殿之嵯峨兮……连飞阁乎西城……"，可见三台建筑之宏大。

北邺城的考古工作探明了隋唐都城布局的源头。考古学家总结出北邺城的三大特点：一是都城中轴线的确立，城址正南门——中阳门及门内南北干道与宫殿区衔接，形成北邺城的中轴线，使都城规划更为对称和规整。二是北邺城金明门至建春门这条唯一的东西大道将城址分为南北两区：北区大于南区，集中了宫城、官署等；南区主要为居民区，改变了汉代以来宫殿区分散的布局。三是北邺城首次将一般居民以里坊形式纳入都市规划，形成整齐的棋盘格式街道。北邺城的这些布局特点，为以后的历代都城所继承，世代相沿以为定式。

4 魂牵梦绕隋唐长安城

隋唐长安城，以其空前巨大的规模、严谨的布局，在我国古代城市发展史上展示了全新的一面。它营建于隋文帝开皇二年（582年），至炀帝大业九年（613年）修筑成外城廓，当时称为大兴。唐代进一步修建完善，于唐太宗贞观八年（634年）建大明宫，唐玄宗登基后又扩建了豪华的兴庆宫和便于皇帝潜行的东城墙的夹城。唐长安城成为当时世界上最大最繁荣的国际城市之一。但经320多年后，唐末天祐元年（904年）朱温迫唐昭宗迁都洛阳，并强迫居民一道东迁，令拆宫室木屋，将木料编成木排，沿渭水、黄河漂送洛阳，一座盛世帝都转瞬间化为废墟，经千年的沧海桑田，地表建筑仅见大小雁塔。

据记载，隋唐长安城的设计，吸取了曹魏邺城和北魏洛阳城的精华，采用了先建城墙，再修筑道路、划分里坊的程序，整座城的平面如同围棋盘式格局。宫城和皇城位于城内北部的中央，里坊分布在宫城皇城的左右和皇城以南，东西两市设在皇城的东南和西南，东西对称，成为最典型的中国里坊制封闭式城市。它对当时国内新建和改建的地方城市，甚至邻近国家都城的兴建，有很大影响。

1957年，我国首次对唐长安城展开大规模的考古勘探与发掘工作。工作分两头进行：一边是陕西省文管会对唐长安的外廓城、皇城、宫城及城门进行全面的勘探；另一边是中国科学院考古研究所唐长安城工作队马得志主持的对大明宫的勘探和对宫内宫殿址的发掘。他们还于1961年对城墙、坊市、街道作了全面的复查与核实，并据此绘制了长安城遗址实测图及复原图，发掘了兴庆宫；1963年以后又发掘了青龙寺遗址和南面外廓城中央的明德门；80年代，大明宫内继续发掘，并发掘了西市、含光门和著名的西明寺遗址等。

隋唐长安城建于龙首原上，北枕渭河，南临终南山，由外廓城、宫城组成，平面呈矩形。外廓城东西9721米、南北8650米、周长36.7公里，墙基宽9～12米，城外侧有城壕环绕。城门12座，东、西、南、北城墙各开3门。皇城和宫城位于外廓城北部正中处。宫城包括太极宫、东宫、掖庭宫三部分，东西2820米，南北1492米，南面正门是承天门，唐代多在此门楼上颁布诏令，故称"前朝"。皇城在宫城南部，与宫城相接，其东西长度与宫城相同，南北长1843米许。从皇城的正南门、朱雀门向北至宫城正南门、承天门，向南至外廓城正南门、明德门，是长安城总体规划中宽150～155米的南北中轴主干大街，称朱雀大街，又名"天街"。其中明德门规模宏大，是城门发掘的第一对象。它共有5个门道。城门基址东西长55.5米、南北宽17.5米，门道宽5米、进深11.5米。正中门道是专供皇帝郊祀出行的御道。

廓城内的街道，南北向纵街11条，东西向横街14条，街宽70～150米。城内列置110坊和东西两市。各坊均为长方形，大小不等，面积约30万～100万平方米，四周夯筑围墙。东西两市也筑有围墙，是长安城中的繁华商业区，各占两坊之地，都有"井"字形交叉街道。

大明宫旧址因未被现代城市所压，是考古工作做得最多的宫城之一。它位于太极宫东北禁苑内，据全城制高点，"南望终南山如指掌，京城坊市街陌，俯视如在槛内"，大有建瓴之势。其平面呈梯形，南宽北窄，周长7628米。考古人员发掘了规模浩大的大明宫的正殿——含元殿及其东西翔鸾阁和栖凤阁，以及豪华无比的麟德殿。其中含元殿殿阁之间回廊相接，殿前有龙尾道。麟德殿台基南北长130米、东西长80余米，前、中、后三殿毗连，东西亭左右相对，周围绕以回廊，建筑面积达12300多平方米。

隋唐长安城的发掘，证实了许多唐代史实，同时也证实了长安城的形制确实是在曹魏邺城和北魏洛阳城城市布局的基础上进一步发展和完善的。新起的皇城筑于宫城前,以置中央衙署,这是隋唐长安城开始出现的一大特点,它既把一般民居与宫城隔得更远,又把宫城和其他大小统治者的宅第严格分开,从而更加强了宫城的防卫。

在隋唐长安城勘察、发掘的同时,中国科学院考古研究所对隋唐两代东都洛阳城的考古工作也相继展开。最初的勘察工作,早在1954年就已进行。1959年至1965年,重点探索了宫城、皇城及周围诸小城的平面布局,以及城门、街道、里坊和市场等。80年代又重点发掘了皇城正门应天门、衙署园院,宫城内武则天明堂和九洲池附近的亭榭,洛河南岸的里坊遗址等。整个洛阳外廓城东西长约7290米、南北长约7312米。宫城、皇城在其西北隅地势高亢的地方,西连西苑,东接含嘉仓城和东城。全城划分为正方形的坊,共103坊和3市。其封闭式里坊制的城市规划,与隋唐长安城相同。

5 北京城胡同里的文章

北京城的胡同遍布全城,它是北京城历史的尘迹。随着社会向现代化发展,人们对这种窄小胡同的印象日趋淡漠,胡同的作用已日益减少。然而考古学家们却依据这些胡同作出了大文章。

北京建城可推至西周初期封召公于北燕。自那以后，这里一直是中原王朝的北方重镇，也是北方民族南下、入主中原的桥头堡。至1153年，金主完颜亮迁都燕京（在北京市旧城外的西南部），改名中都后，这里开始由军事重镇过渡为全国的政治中心。但好景不长，1215年，蒙古军攻入中都城，并将都城毁之一炬。50多年后元世祖忽必烈来到这里，只见到"瓦砾填塞，荆棘成林"的一派荒凉景象，但他还是决定定都北京，在原中都的东北新建了大汗之城，名大都。后来明清沿袭大都旧城，略作增减。现今的北京城即是元、明、清三代都城的延续。

元大都是我国封建社会后期规模最大的一座都城，它规划整齐，井然有序，整个城市设宫城、皇城、大城三套城墙，宫殿富丽堂皇，殿宇楼台美丽深邃。当年马可·波罗曾由衷地赞誉道："全城地面规划，有如棋盘，其善之极，未可言宣。"但是由于元大都城址的2/3被明清北京城沿用，现在穿越明清及现代的时限来考察元大都，研究元大都在我国历代古都演变中的历史地位与作用，对考古学家来说确实困难重重。

早在20世纪30年代，已有学者开始注意对元大都的研究，主要是从建筑史的角度来探讨大都的平面布局和规划。1964年，中国科学院考古研究所与北京市文物管理处合组了元大都考古队，首次对宋代以来我国最大的都城进行了细致而全面的考古勘探和发掘工作。他们勘察了元大都的城垣、街道、河湖水系等遗迹，发掘了10余处不同类型的居住遗址和建筑遗存，并充分利用文献和地图所提供的资料，以现存遗迹、古建筑为点，以可以肯定的旧街道为线，排除后代改建的变异，进行着艰难的元大都城址平面复原工作。经过10年的摸索与潜心研究，他们终于探明了元大都的平面规划与特征。

元大都城址平面呈长方形，南北约7600米，东西约6700米，周长约28600米。南城墙在今东、西长安街稍南，北墙即今北京北三环与北四环之间的"土城"，东、西两面城墙的南段与明清北京城的东西城墙一致。城墙夯土筑成，墙基宽24米。具有特色的是，在土城顶部中心置有半圆形瓦管，以防雨水冲刷。全城共有11座城门，东、南、西墙各3门，北城2门。1969年在配合修筑地铁拆除西直门时发掘了和义门瓮城门遗址，城门为砖券门洞，残高22米，门洞长9.92米、宽4.62米。城的四角有角楼。城外部建有"马面"，绕以护城河。

皇城与宫城的位置是最为引人注目的。皇城位于城南正中地区，墙基宽约3米。宫城偏居皇城东部，宫城南门（崇天门）在今故宫太和殿位置，北门（厚载门）在今景山公园少年宫前。宫城西北有以万寿山（今北海琼岛）和太液池（今北海、中海）为中心的西苑。将宫城置于皇城之中，是封建社会后期都城的一大特色，它改变了隋唐都城的宫城居皇城北部、宫城前设皇城的布局，使宫城的地位在全城之中更加突出。考古学家还在今景山北墙外发现了纵贯宫城中央的南北大路，宽达28米，证实了50年代提出的元大都的中轴线与明清北京城的中轴线相沿未变的看法。

在 10 年的勘察中，考古学家们还在元大都东北部发现了街道遗迹。他们发现在南北向主干大街的东西两侧，等距离地排列着许多东西向的胡同，大街宽 25 米左右，胡同宽约 6~7 米，从光熙门大街至北城街之间，排列着东西向胡同 22 条，这正好与今北京城从朝阳门（元代称齐化门）至东直门（元代称崇仁门）之内排列 22 条东西向的胡同相同。他们由此断定今天北京城内的许多街道和胡同，基本上仍保存着元大都街道布局的旧迹。

这一出自北京城内小小胡同的推测，为复原元大都的街道提供了科学依据，作出了大文章。考古学家不仅复原了元大都的街道，而且通过与隋唐都城的比较研究，探明了都城规划的发展和变化。他们提出了隋唐都城的那种封闭式坊制，后来是被开放式的街巷所代替的观点；并认为这在中国古代都城发展史上是一项巨大变革，它标志着中国封建社会进入了后期阶段；这种变化大概始自宋代都城——开封汴梁城，而元大都的街道是最典型的开放式街道。

他们还进一步推出一个规律，即一个古代城市，尤其是宋元以来的城市，其街道布局形成以后已很难作全局性的改变。这就是他们对元大都考察研究 10 年所获得的重要经验之一。

老北京人大概做梦也没有想到，他们天天走的许多街道胡同，大都是 700 年前元代保存下来的格局。那些不起眼的小小胡同，被考古学家赋予了新的生机，成为古今重叠城址考古研究中的重要对象。

五　宏伟的陵墓发掘

封建帝王通常对其陵墓要大动土木，聚珍随葬。因此，每一座帝王陵墓都是一座神秘的地下宫殿和珍宝馆，有的还是一座珍贵的地下书库，或是一座宝贵的地下画廊。它们从不同侧面反映了当时社会科技文化的最高成就，是研究古代社会极为珍贵的资料，有的还蕴藏着许多历史悬案，是我国不可多得的宝贵遗产。所以在每次发掘陵墓之前，考古学家们总是要做充分的准备，以避免因考古发掘而造成对这种宝贵遗产的损失。

1　亘古之谜始皇陵

秦始皇是我国封建社会初期伟大的政治家与军事家。他兼并六国，统一天下，建立了第一个中央集权的封建制国家，开创了中国历史的新纪元。他的许多作为影响了两千年的中国封建社会。他开创的陵寝制度，对后世帝王的陵园建筑也有着很大影响，至今已成为人们探古揭谜的重要对象之一。

秦始皇陵是我国最大的帝王陵墓。据文献记载,"始皇初即位,穿治郦山,及并天下,天下徒送诣七十余万人,穿三泉下,铜而致椁,宫观百官,奇器珍怪,徙藏满之";"以水银为百川江河大海,机相灌输,上具天文,下具地理,以人鱼膏为烛,度不灭者久之";前后经40年的修筑,"坟高五十余丈,周迥五里余",其气势可与埃及最大的金字塔相媲美。但后来又传说,始皇陵被项羽动用30万卒士洗劫一空,30日运物不能穷,后又因牧羊人寻羊入墓室,不慎引火烧地宫,延烧90日不能灭,唐代后期又被多次大规模盗掘。因此,陵墓中是否仍保持着入葬时的原样,已成为一大问号,但也有一些学者对这些毁陵掘墓的传说持怀疑态度。经两千年的风雨侵蚀,如今地面上仅存一座巨大的坟丘。

1961年,国务院公布秦始皇陵为全国重点文物保护单位,为后来对陵墓进行系统的科学考察与发掘研究创造了条件。1962年陕西省文管会对陵园的范围等进行了首次考古调查钻探工作,探明了陵墓周围的外城垣及部分内城垣等遗迹。但限于当时的考古技术力量,也囿于古人对陵墓的许多传说,在后来的10多年内,考古学家一直未对其展开工作。

1974年,由于当地农民在陵墓以东约2公里处挖井时的一个偶然发现,引来了一支始皇陵秦俑坑考古发掘队,引来了世界第八奇迹的出土,引来了无数学者对陵墓研究的热潮,引来了世人对秦始皇陵的更多遐想。那就是首次发现了未见于文献记载的秦俑坑,即后来所称的1号兵马俑坑。

1号兵马俑坑东西长210米、南北宽62米，面积14260平方米。这是我国第一次发掘规模如此庞大的地下军阵俑坑。

发掘历时约一年，1号兵马俑坑仅揭开了前半部。至70年代末，考古人员还在1号兵马俑坑北面发现了由东向西排列的2号、4号、3号3座兵马俑坑。这是由四坑组成的一个庞大的军阵，其中第4号还是一个空坑，尚未最后竣工。2号坑东西长124米、宽98米，面积约6000平方米。3号坑面积为520平方米。考古学家在还未全部揭露1号坑时，即试掘了2号坑并全面发掘了3号坑。

在3座兵马俑坑的发掘部分，已出土武士俑800多件，木质战车18辆，陶马100多匹，青铜兵器、车马器共计9000余件。如按兵马俑排列形式复原，这3个坑的武士俑可能原有7000个、驷马战车100辆、战马100多匹。坑内兵马俑排列方向全部面向东方。陶俑身材高大，高的达2米，矮的1.75米，一般在1.8米左右。种类繁多，有骑兵俑、车兵俑、步兵俑。其中，步兵俑中有将军、军吏、铠甲步兵和轻装步兵等；车马俑中有甲士俑和御手俑；骑兵俑都出于2号坑，一律戴小圆帽，帽两侧有扣带结在颔下，上衣和铠甲较短，腰系带，下穿紧口裤，足蹬短靴，身高1.8米以上。陶俑形态各异，神情逼真，展现了我国秦代高超的雕塑艺术。考古学家据俑群排列形式推测，这是模拟送葬军阵的仪仗俑群。其军阵体系，形象地展现出秦军的兵种组成、编列和武器装备情况，显示了秦王朝兵强马壮、威震天下的军事力量。

然而令人不解的是，这一世界奇迹在古籍中竟无任何记录。是规模如此庞大的兵马俑坑在整个秦始皇陵中仅占区区一隅，或如此众多的工艺杰作在整个陵墓入葬的奇器珍怪品中仅是一个小小的尾数，而被古代史官忽略未记；还是恐泄露天机，当时将设计制造兵马俑的工匠们秘密处死，史官不知？现在已无可探知。不过这一世界奇观仅仅是秦始皇陵陵园的外围设施，却是个事实。后来考古学家在陵园外围还发现了陪葬墓、刑徒墓地、食官址、陶窑址等，并探清楚了陵园内外两道城垣和陵墓中心部分、地宫的宫墙，以及陵墓坟丘两侧的珍禽异兽坑、"甲"字形大型陪葬墓、铜车马坑等。

陵园在陵区中部，由内外两重城垣构成，平面呈南北长的"回"字形。外城南北长2165米、东西宽940米，内城南北长1355米、东西宽580米，东北角利用北墙、东墙另筑一座小城。城墙都为夯筑，基宽约8米。内外城四面各开一门，两两相对，小城只有南北两门。内城四角有角楼。地宫宫墙尚埋于地下，南北长460米，东西宽392米，墙体高和厚各约4米，顶部距现地表2.7~4米，系用未焙烧的砖坯砌成。宫墙东边有斜坡门道5条，北边、西边各有一门。宫墙环绕的地宫面积达18万平方米。陵墓的封土呈三级台式覆斗形，顶部平坦，墓底南北长515米、东西宽485米。地上现存部分南北长350米，东西宽345米，高约

76米。1982年，还在封土的中心部位约12000平方米范围内发现有强烈的汞异常反应，使人们对墓内以水银为百川江河大海、机相灌输的记载，不敢视为虚指。

1980年，考古学家在陵墓封土的西侧布下了发掘坑，这是历年来考古发掘距陵墓中心点最近的一次发掘。考古学家在这里清理出前后排列的两辆铜车马。这两辆铜车马仅仅是那次发掘的一个大陪葬坑中的一小部分陪葬物，它们大小约为真车、真马、真人的1/2。前面一辆为立乘之前导车，后面一辆为坐乘之轿形车。车均双轮单辕，乘驾马4匹，车上各坐一名御官俑。车马的鞍具齐备，通体彩绘，并以大量的金银为饰，制作华丽精细。

经过20年的考古工作，秦始皇陵的布局日趋明朗，工作区域在逐渐集中。1988年它被联合国教科文组织列为世界文化遗产，亘古之谜也将随着今后对陵墓的发掘研究而揭开。

2 珍贵的地下书库

我国有着浩如烟海的古文献，这些文献资料对于历史时期的考古研究具有十分重要的作用，它为考古发掘研究提供了许多线索和依据。当然，考古发掘研究结果也经常补证文献记载的阙如，尤其是从地下发掘出的古籍文书，它将极大地丰富文献史料，推动历史学研究的进展。

早在晋代，就在古墓中发现了10余万字的《竹书

《纪年》等古籍简册，但这并不是经科学发掘出土的。经考古发掘出土的古籍，最早是在1959年对甘肃武威磨咀子东汉墓的发掘所获的《仪礼》简书。迄今发现古籍数量最多的是湖南长沙马王堆汉墓和山东临沂银雀山汉墓。那两座墓分别藏书10余万字，犹似两座珍贵的地下书库。

马王堆汉墓是我国70年代初期发掘规模最大的一座古墓，也是70年代我国考古研究中社会影响最大的一个项目。

1971年，位于长沙市东郊的湖南军区某医院计划营建地下病房和地下手术室等，他们选择了附近两个底径各约40米、高16米的小山丘作为理想的地点。这两座小山丘称作马王堆。他们不知道，早在1951年，考古学家已认定这里是个汉代墓群，并于1956年将其列为省第一批重点文物保护单位。因此当他们下挖数米后，对出现的异常现象迷惑不解。后来湖南省博物馆和中国科学院考古研究所对墓室进行了发掘和室内清理。

野外发掘工作持续了100多天，而室内的清理工作达半年之久。该墓深16米，墓口面积约340平方米，墓底收缩成51平方米。墓中由上而下填铺白膏泥和木炭，以便密封防潮。椁室庞大，长6.73米，宽4.9米，高2.5米，计算用木料52立方米。椁室中有层层相套的四重保存完好的髹漆木棺，两座木棺上还髹漆神秘图案，内棺中一位约50岁的西汉初期长沙国丞相、軑侯利仓之妻，身着丝绵袍和麻布单衣，足登青丝履，面盖酱色锦帕，包裹18层丝、麻衣衾，覆盖2件丝绵袍，安然地躺在那里。这是我国首次发现的距今2000年前的西汉女尸，四海惊动，被誉为继埃及木乃伊之后的又一世界奇迹。墓中出土了成批色彩鲜艳的漆器、纺织品、帛画，以及竹木器、食品、药材等文物千余件，成为研究汉代工艺的重要实物资料。

考古学家推测这里大概是长沙国丞相轪侯利仓及其家族的墓地。

1973年，开始发掘2号墓，但事与愿违，墓中棺内尸骨已不存。于是继续发掘3号墓，结果仍然没有获得第二具西汉尸体，却在墓中意外地发现了一个珍贵的帛书库，令考古学家们欣喜若狂。

帛书是我国古代书写在素白的丝织物上的一种供人们阅览的书籍，现今已很难见到。马王堆3号墓中的这座帛书库藏在墓室东边箱的一个长方形髹漆木匣中，有28种书籍12万多字，其内容涉及古代哲学、历史、科技和医学等方面。除《周易》、《老子》有今本传世外，绝大多数是古佚书。诸子类有《老子》、《黄帝内经》。六艺类有《周易》、《战国纵横家书》。方术类有《五十二病方》，是我国已发现的最早的一部古医方书，涉及内科、外科、妇产科、儿科等方面，提到108种病名；《导引图》是我国最早把呼吸运动与躯体结合起来的体育疗法，今天的"气功疗法"就从它演进而来。数术类有《五星占》，保存了我国现存最早的关于五星运动的记录；《天文气象杂占》，保存了我国最早、也是世界上最早的彗星形状图录。

尤为难得的是，3号墓中还藏有两幅古地图，一幅是《长沙国南部地形图》，为正方形，长宽各96厘米，所绘范围为今湖南省南部的潇水流域及邻近地区，比例在1∶170000至1∶190000之间。另一幅为《驻军图》，长98厘米，宽78厘米，所绘范围为今湖南省最南面江华县的沱江流域，比例在1∶80000至1∶100000之间。这是我国首次发现的两千年前的地图。它们与后来在甘肃天水放马滩出土的秦王政八年（公元前239年）木版地图和西汉早期纸地图一起，成为世界上迄今最早以实测为基础的4幅古地图。

马王堆汉墓的发掘，开拓了我国西汉古尸防腐处理研究和帛书等研究的新领域。

与马王堆汉墓珍藏的帛书库形式不同，山东临沂银雀山1、2号汉墓藏的则是竹简书库。

1972年4月，山东省博物馆等考古人员正在临沂县城南的银雀山上紧张地清理两座西汉木椁墓。这两座墓都不大，大的一座面积约7平方米，因此在发掘伊始，没有引起人们的特别重视。当考古人员在清理椁室边箱随葬品时，突然从深褐色形同腐草的出土物上看到了"齐桓公问管子曰……""晏子曰……""齐威王问孙子曰……"等字样。他们小心翼翼地从墓中清理出这批极为疏松的物品，并在室内进行了长达3年多的清理，终于使一座丰富的地下书库，经2000多年后再次向人们开放。

这座书库由4970多支竹简组成，整简长27.6厘米，每简字数不一，多的达40余字，共12万余字，大部分是兵书，有《孙子兵法》、《孙膑兵法》、《六韬》、《尉缭子》、《管子》、《晏子》、《墨子》等周秦古籍。

《孙子兵法》13篇都有文字保存，另有《吴问》、《黄帝伐赤帝》等5篇佚文，共有简书300余枚，证实《孙子兵法》13篇确系孙武原著，是世界历史上第一部军事学名著，堪称"兵学圣典"。《孙膑兵法》440余枚，11000字以上，有15篇，它与《孙子兵法》13篇有所不同，是祖述《孙子兵法》思想而有所发展。《孙子兵法》与《孙膑兵法》竹简同时出土，使长期以来关于这两部书的一些疑案得以澄清解决。

宋代以来一直认为《六韬》、《尉缭子》、《晏子春秋》是伪书，简本的出土，证实这几部书在西汉前期已广泛流传，确系先秦古书。《汉武帝元光元年历谱》是西汉实用日历，也是迄今所知的我国最早最完整的古代历谱。它的出土，证实西汉太初以前使用的是"颛顼历"（以十月为岁首），对考订历史年代具有重要意义。

3 石室藏玉衣

在历史时期的考古研究中，最有趣味的莫过于发现研究那些已经绝世，而又不见经传的古迹和古物，丰富并补证已逝的历史。我国对中山王墓和南越王墓的发掘，即是汉代考古研究中那种极有趣味的两次考古发掘。

那两座墓都出土了仅供皇帝和高级贵族使用的葬服——玉衣。据古文献记载推测，玉衣可能在战国时期已有雏形，汉代称玉匣，以为穿了这种玉衣入葬能够保存尸骨永存不朽。后来，魏文帝曹丕下令禁止使用，葬以玉衣的制度从汉以后就此消失，因而后人对汉代玉衣的形式已全然不明。中山王墓和南越王墓的发现，再现了汉代玉衣的原貌。

中山王墓的发掘，是在特殊的年代里进行的。

1968年，人民解放军某部因一项军事工程的施工，在河北省满城县城以西约2公里的陵山上炸出了一个陵墓洞穴。此时正值"文化大革命"的高潮时期，各种考古研究机构濒临瘫痪。日理万机的周恩来总理要郭沫若院长组织力量发掘此墓。

这是我国考古发掘研究中受到国家总理直接关心的仅有的几个项目之一。王仲殊、卢兆荫率领的发掘队在陵山上发掘了3个月，清理出西汉中山靖王刘胜的巨型陵墓。考古学家们在发掘刘胜墓的同时，还依据附近山面岩层被扰乱以及下部地面有人工打凿小石片的线索，在刘胜墓北侧百余米处又发现一座巨型陵墓，后经1个多月的发掘发现，原来它是刘胜之妻窦绾的陵墓。

这两座墓是迄今发掘的保存最好的汉代穿山为陵的诸侯王墓，工程十分浩大。其营建都经过精心设计，分别由墓道、左右耳室、甬道、中室和最深处的主室组成。刘胜墓全长52米，最宽处37米，最高近7米。窦绾墓长49.7米，宽65米，高7.9米。两墓的左右耳室及中室内堆满了珍贵的随葬品,有铜器、金银器、铁器、玉石器、料器、陶器、漆器和丝织品等4200多件。墓中奇珍异物琳琅满目。许多绝代工艺品,如熠熠生辉的错金博山炉、可同时点燃3支蜡烛的朱雀展翅灯、计时铜漏壶、"三钧"铁权、错金铁尺等,闻所未闻,见所未见。其中最难得的是出自窦绾墓中的"长信宫"灯。该灯形制为宫女双手执灯,灯可拆卸,灯盘可转动,灯罩可开合,可随意调整灯光亮度与照射角度;宫女右臂与烟道相通,蜡烛燃烧时的烟灰可通过烟道容纳于中空的体内,以保持室内清洁。其高超的设计技术,令现代工匠惊叹不已。

主室是墓主的棺椁所在。打开主室石门后,呈现在考古学家眼前的是一座石板建成的石屋,内有一具已腐朽的镶玉漆棺。考古学家没有想到,在这具腐朽的漆棺中,竟然有一件完整的金丝编缀的玉衣,玉衣中墓主尸骨已朽不存。在这以前,考古发掘中已发现多起汉墓中有玉衣残片,但都零碎不堪,不能复原,完整的金缕玉衣还是首次发现。

刘胜玉衣与窦绾玉衣的制作基本相同。玉衣的外观与人的形象一样,可分为头部、手套、上衣、裤筒和鞋五部分。刘胜玉衣全长1.88米,共用玉2498块、金丝1100克。窦绾玉衣全长1.72米,共用玉片2160块、金丝700克。

这两件金缕玉衣的出土,解决了一大历史疑案,证实了《后汉书》等文献对汉代使用玉衣等制度的记载。

南越王墓也是在工程施工中发现的。1983年夏，由中国社会科学院考古研究所、广东省博物馆、广州市文管会组成发掘队进行发掘，共持续了40天。

南越王墓位于广州市解放北路象岗山上，用砂岩大石板砌筑，由前室、东西耳室、主室、东西侧室和后藏室七部分组成。全长10.85米，宽12.5米，另有10余米长的南墓道。这是岭南地区已知年代最早、规模最大的石室墓，而且保存完好。发掘前推测墓主可能是西汉初期南越王国赵佗王室的主要成员，墓中可能保存大量珍贵的文物。

发掘结果不出所料，墓中随葬文物千余件。其中目前最大的一颗西汉金印——"文帝行玺"印文的龙纽金印及玉印"赵眜"，证实墓主系僭称"文帝"的第二代南越王赵眜。墓中的许多文物都是首次出土，如目前所知最早的一块平块玻璃、直径41.5厘米的漆绘人物画像汉圆镜、三环钮镜、犀角形青玉杯、镶铜贴金花的六博漆盘和象牙、青玉、水晶六博子、原支大象牙、银盒、盛满珍珠的漆盒及各种药石、药具等等，令人目不暇接。墓中还殉葬姬妾、侍从或杂役10多人。

令发掘人员意想不到的是，墓主也身着玉衣，但不是金缕或银缕编缀的，而是手足、头部的玉片用丝缕编缀，其他部位的玉片系粘贴在麻布上，再用素绢覆裹，是一件丝缕玉衣。在玉衣两侧还放置圆形透雕玉饰。墓主腰间两侧佩带10把1.2米长的铁剑，胸前戴玉佩饰和金、银、玉、铜、玻璃等质地的珠串，玉衣上下铺玉璧，璧下有盛满珍珠的盒、角形玉杯等，玉衣上有金、玉等印章9枚。这件玉衣的玉片已散开，发掘人员依据满城汉墓清理玉衣的经验，用套箱将玉衣原样取回室内清理。

南越王墓的发掘，为研究我国汉代初期岭南地区的政治、经济、文化状况，以及南越王国与中原和海外邻国的关系，提供了极为宝贵的资料。同时，它也使象岗山名扬天下，一座南越王墓博物馆在高楼栉比的现代化城市中耸立了起来。

4 宝贵的地下画廊

早在1952年，河北省望都就发现了第一座规模庞大的彩绘壁画墓，被美术史专家视作研究东汉绘画艺术的珍品。迄今已发现西汉至唐宋元的壁画墓达100余座，它们从一个侧面反映了古代的社会生活和文化艺术，被誉为地下古代历史画廊。其中湾漳北朝大墓、唐章怀太子墓和永泰公主墓，是迄今发现的内容最为丰富、场面最大的3座壁画墓。

1986年底，中国社会科学院考古研究所邺城考古队在对邺城西北郊北朝陵墓区的勘测调查中，发现位于湾漳村的一座大墓的顶部已塌陷，并且可看到墓室内部。经钻探，得知该墓原有占地面积8000余平方米的高大坟丘，墓葬南面尚存一尊石刻人像。考古人员推测这是座不同寻常的大墓（后来据发掘资料考证，它是北齐文宣帝高洋武宁陵），于是马上组织力量对其进行发掘。由于墓葬的东、南、西三面均被民房所压，他们直接将墓顶部塌陷口作为发掘的通道，清理了墓室、甬道和少部分墓道。

该墓太深了，有10米以上，墓室积水4米。他们边抽水边清理，发现该墓墓室平面近方形，长宽均7.5米，已被盗过，但仍有2000余件随葬品。其中1500多件彩绘陶俑排列位置未被移动，有一对大文吏俑高达142厘米许，是研究当时礼仪、服饰、雕塑艺术的珍品。他们还发现墓室四壁和顶部绘有壁画，但壁画除被地下水浸渍外，还遭盗墓贼烟火的严重熏染，大部分已不知其详。专家们对这些模糊不清的壁画进行了长达50多天的辨认与临摹，终于弄清楚顶部是白色银河及星宿等的天象图，四壁有神兽、朱雀等动物形象和人物形象等。可喜的是，绘于甬道门墙正中的一伫立展翅的大朱雀，色彩瑰丽，高近5米，其旁有神兽、羽兔、莲花、流云的图像。他们据此推测与甬道相接的墓道可能亦绘有壁画，它们距地表较浅，又未被盗贼染指，估计保存良好。

两年后，考古学家决定对长达37米、宽3.3～3.9米、深0.4～8.8米的墓道进行全面揭露，结果清理出色泽鲜丽的墓道两壁壁画320平方米和墓道斜坡路面上的地画120平方米。两壁画对称，东壁以长约4.5米的青龙为前导，并有朱雀、神兽等，后随由53人组成的仪仗出行队列。西壁以长4.5米的白虎为前导，后随亦由53人组成的仪仗出行队伍。仪仗队均手执戟、盾、鼓乐、旄幡、伞盖等，表现了墓主的崇高地位。在仪仗队上方天空位置，绘有各种神兽、流云、莲花等图像。路面图案分三纵列，中间绘14朵八瓣仰莲，花径1.35米，两侧绘缠枝忍冬花的二方连续装饰纹带。三列图案以暗红色栏框相间，犹如一幅巨大的地毯。

美术专家们被这宏伟的地下画廊深深地吸引着，他们一笔一笔地临摹这些壁画，记录下约1400年前的艺术杰作。后来，发掘人员还成功地大版大版地揭取了壁画，进行保存展览。

永泰公主墓和章怀太子墓都是盛唐时期的壁画墓，并且是作为唐高宗李治和武则天的合葬墓——乾陵的陪葬墓。这两座墓规模宏伟，墓长分别为87.5米和71米，都由墓道、甬道、前室与后室组成。对其发掘费时耗工，其中永泰公主墓历时1年8个月。发掘墓道时就已发现墓中颜色鲜艳的壁画。为集中精力发掘墓葬，又不致使壁画受到破坏，发掘人员在两壁仍保留约40厘米厚的土层，至发掘后期才对壁画进行全面清理。

永泰公主李仙蕙是武则天的孙女，因得罪武则天被杖杀而死，时年17岁。发掘表明该墓被盗过，墓道中还有因盗贼火并吞赃而留下的尸首分离的人骨架、凶器及金、玉珍品，但壁画未被盗贼染指，成为该墓发掘最重要的收获。壁画几乎布满了墓道两壁与墓室四壁及顶部。墓内壁画保留有青龙、白虎、阙楼、戟架、云鹤、天体、仪卫、侍男、侍女等图像，其中以宫廷侍女图最为突出。她们执鲜花、捧砚盒、戏鸟、赏花等图案,是宫廷生活的再现,也是墓主人生前生活环境的再现。此外,墓中的石椁、石门、墓志上的线雕内容,颇耐人寻味。石椁南壁雕一侍女,额上发际间插花簪,簪下垂有 5 朵花坠。此即唐诗中的"金步摇",两手持花枝作闻香状,寓意丰富。

　　章怀太子李贤是武则天的儿子,有文才,曾注《后汉书》,因得罪武则天被流放后自杀。该墓也是早年被盗掘。为获取该墓的壁画,考古人员于 1971 年 7 月 2 日对其发掘,清理出迄今为止内容最为丰富的壁画 50 多幅。其中以《狩猎出行图》、《客使图》、《马球图》、《仪仗图》、《观鸟捕蝉图》等最为精彩,而客使、马球等题材也是首见。《狩猎出行图》描绘了当时达官贵人出行的情景,奔马作前导,主人骑高大白马,威风凛凛、神态自若;护从骑士着胡服、革带、长靴、佩刀、持箭,跨骏马奔驰原野,气势宏大。《马球图》描绘了 20 余骑争打马球的场面,击球者身着窄袖长袍,头戴幞头,足蹬黑靴,手持偃月形球杖,或反手击球,或纵马迎击,活泼生动。《观鸟捕蝉图》绘一女仰视飞鸟,另一女右手似欲捕捉树上鸣蝉,树北一女双手交叉于胸前,托披巾,若有所思。画中有诗,耐人寻味。墓室中的侍女画也令人倾倒。侍女多细眉小口,丰肌玉面,发髻高耸,披帛绕肩,或着短袖、长袖襦衫,或长裙拽地、丝履微露。这是唐代侍女画的珍品。

　　章怀太子墓中的 50 多幅壁画,题材多样,揭示了唐代宫廷生活的片断,是我国历史文化艺术的宝贵遗产。

5 神秘的地下宫殿

1955年冬，中国科学院考古研究所所长郑振铎、副所长夏鼐突然受命为长陵发掘委员会成员，指导长陵的发掘事宜。原来，这是我国文化界与史学界名人吴晗、郭沫若、沈雁冰、邓拓、范文澜、张苏等6人联名上书国务院，请示发掘明代成祖永乐皇帝朱棣陵墓的结果。

长陵是北京明十三陵中的首陵，规模最大，发掘工作十分艰巨和复杂，而我国当时对发掘帝王陵墓的经验和技术又十分缺乏。考古学家谨慎从事，对13个陵墓进行了详细的勘察与比较，并结合文献资料查证与研究，认为定陵营建年代较晚，并发现了可资探索的埋葬迹象，决定在发掘长陵之前先试掘定陵，以便取得经验后再发掘长陵。

定陵是明神宗万历皇帝朱翊钧的陵墓，他的两位皇后也同葬于此，其规模仅次于十三陵中永乐皇帝的长陵和嘉靖皇帝的永陵，是由万历皇帝自选陵址、亲定规制、仿照永陵建造的，前后费时6年，耗资800万两。圆形宝城周长750米，城高7米多，宝城顶高耸数丈。其内玄宫的形状、走向、入口等是考古发掘人员急切要弄清楚的问题。

为寻找准确的玄宫入口进行发掘，考古学家天天围绕这周长750米的宝城打转。一日，他们在宝城南侧忽然发现距地面3米高的宝城墙上有几块城砖已塌陷，露出一直径约50厘米的圆洞。后经夏鼐观察，确认里面是个门券的上缘，这里可能是通往地下玄宫的入口。于是定下了具有历史意义的定陵发掘地点。后来的发掘证实这里是通往玄宫的第一入口——砖隧道大门。

砖隧道宽8米，大体呈由南向北的走向，至宝城东西中轴线时又向西拐。发掘人员接着发现了与砖隧道相隔的石隧道，并在石隧道口上出土了一块指路石碑，上写"此石至金刚墙前皮十六丈深三丈五尺"。当他们发掘至玄宫入口金刚墙时，发掘工作已整整历时一年。后来，他们又用了整整一年的时间打开了地下玄宫里的七道大石门，清理了前殿、中殿、左右配殿和后殿。对玄宫清理的时间如此之长，令人对其缘由遐想不已。

玄宫果真是一座地下宫殿。全长87米多，最宽47米多，高7.2~9.5米，总面积1195平方米。整个建筑不用梁柱，全部用石材起券构筑。各殿之间有甬道相通。前、中、后三殿之间有石券门，门上横梁为铜铸，内设汉白玉双扇石门。门高3.3米，每扇宽1.7米，面上雕刻九排门钉和铺首衔环。每扇石门重约2吨，但开关仍较轻便。各门内均有自来石顶门。前殿和中殿地面铺砌方形澄浆砖（俗称金砖），后殿和两配殿铺砌花斑石。中殿设汉白玉石雕供案3座，放置成"品"字形。案前设黄琉璃五供，前置青花云龙纹大瓷缸一口，缸内装着香油、灯芯，称为长明灯。后殿是放置梓宫（棺）的主要建筑，比其他各殿更为高大、宽敞，其布局与中殿呈"T"字形,南北长 30 米许,东西宽 9 米多,正面有汉白玉石砌成的棺床,下部须弥座上雕饰仰覆莲,面上铺磨光花斑石。棺床上放置棺椁 3 具,各一棺一椁。中间一个较大,是万历的灵柩,上面有丝织铭旌,金书"大行皇帝梓宫"六字。死者仅剩一具骷髅,发掘者事先做的蜡尸准备全未用上。按骨骼分析,死者身材不高,背微驼,腿稍跛,可谓其貌不扬。左右两侧的棺略小,左边为孝端皇后,右边为孝靖皇后。棺椁外有 26 个红漆木箱和谥册、宝印,箱内藏随葬器物。左右配殿也各有棺床,但无棺椁和器物。后来还发现,在宝城后面的左右各有一条隧道通往左右配殿。当时入葬时为何不启用左右配殿及其隧道,至今仍是个谜。

玄宫又是一座地下宝库。其内的随葬品非常丰富,大部分放在后殿宝床上和梓宫内,有木质和锡质明器等葬仪用具,帝后冠服、织锦匹料、金器、玉器、铜器、瓷器、谥册、谥宝、墓志、金元宝、银元宝等各类用品 2000 余件,种类繁多,制作精巧,许多是稀世珍品。其中金冠高 24 厘米,是金器中最珍贵的一件,用极细金丝编制而成,后面盘绕着二龙戏珠,神态生动。凤冠是皇后在大典时戴的帽子,有 4 顶,其中一顶六龙三凤冠,用金累丝点翠的工艺制成,通体饰上千颗珍珠和近百颗红、蓝宝石,六龙口衔珠滴与三凤相戏,寓有"龙凤呈祥"之意,是罕见珍品。许多金器和玉器上镶嵌宝石,宝石中最名贵的猫眼石呈蟹绿色,形似猫眼,轮转照人,为稀世之宝。瓷器有青花和"明三彩"两类，一件三彩瓷炉，高17.8厘米，底部写有"大明万历年制"字样，釉色为黄、绿、紫三色，三条蟠龙盘绕炉身，形成双耳，龙首倒立成三足，是明瓷中的珍品。大批织锦不仅记录了织品名称、产地、产时、花纹及长宽尺寸，而且还记录了织造分工及织匠姓名，是研究明代织锦的宝贵资料。

定陵地下宫殿的发掘，至1958年7月结束，前后历时两年零两个月，用工2万多个，耗资40余万元，是我国50年代考古发掘规模最庞大的一项。发掘之后，如何保护出自陵墓中的织品和木质等文物，则又使考古学家们陷入重重的困境之中。国务院由此决定暂缓继续发掘帝陵。定陵的发掘报告，则是在30多年后的1990年才出版。

定陵的发掘，为人们展示了一个神秘的地下宫殿的世界；同时也取得了一些经验和教训。终止了最初对长陵发掘的计划，明成祖永乐皇帝朱棣仍躺在十三陵中最大的长陵内。

《中国史话》总目录

系列名	序号	书名	作者
物质文明系列（10种）	1	农业科技史话	李根蟠
	2	水利史话	郭松义
	3	蚕桑丝绸史话	刘克祥
	4	棉麻纺织史话	刘克祥
	5	火器史话	王育成
	6	造纸史话	张大伟　曹江红
	7	印刷史话	罗仲辉
	8	矿冶史话	唐际根
	9	医学史话	朱建平　黄　健
	10	计量史话	关增建
物化历史系列（28种）	11	长江史话	卫家雄　华林甫
	12	黄河史话	辛德勇
	13	运河史话	付崇兰
	14	长城史话	叶小燕
	15	城市史话	付崇兰
	16	七大古都史话	李遇春　陈良伟
	17	民居建筑史话	白云翔
	18	宫殿建筑史话	杨鸿勋
	19	故宫史话	姜舜源
	20	园林史话	杨鸿勋
	21	圆明园史话	吴伯娅
	22	石窟寺史话	常　青
	23	古塔史话	刘祚臣
	24	寺观史话	陈可畏

系列名	序号	书名	作者
物化历史系列（28种）	25	陵寝史话	刘庆柱　李毓芳
	26	敦煌史话	杨宝玉
	27	孔庙史话	曲英杰
	28	甲骨文史话	张利军
	29	金文史话	杜　勇　周宝宏
	30	石器史话	李宗山
	31	石刻史话	赵　超
	32	古玉史话	卢兆荫
	33	青铜器史话	曹淑芹　殷玮璋
	34	简牍史话	王子今　赵宠亮
	35	陶瓷史话	谢端琚　马文宽
	36	玻璃器史话	安家瑶
	37	家具史话	李宗山
	38	文房四宝史话	李雪梅　安久亮
制度、名物与史事沿革系列（20种）	39	中国早期国家史话	王　和
	40	中华民族史话	陈琳国　陈　群
	41	官制史话	谢保成
	42	宰相史话	刘晖春
	43	监察史话	王　正
	44	科举史话	李尚英
	45	状元史话	宋元强
	46	学校史话	樊克政
	47	书院史话	樊克政
	48	赋役制度史话	徐东升

系列名	序号	书名	作者
制度、名物与史事沿革系列（20种）	49	军制史话	刘昭祥 王晓卫
	50	兵器史话	杨毅 杨泓
	51	名战史话	黄朴民
	52	屯田史话	张印栋
	53	商业史话	吴慧
	54	货币史话	刘精诚 李祖德
	55	宫廷政治史话	任士英
	56	变法史话	王子今
	57	和亲史话	宋超
	58	海疆开发史话	安京
交通与交流系列（13种）	59	丝绸之路史话	孟凡人
	60	海上丝路史话	杜瑜
	61	漕运史话	江太新 苏金玉
	62	驿道史话	王子今
	63	旅行史话	黄石林
	64	航海史话	王杰 李宝民 王莉
	65	交通工具史话	郑若葵
	66	中西交流史话	张国刚
	67	满汉文化交流史话	定宜庄
	68	汉藏文化交流史话	刘忠
	69	蒙藏文化交流史话	丁守璞 杨恩洪
	70	中日文化交流史话	冯佐哲
	71	中国阿拉伯文化交流史话	宋岘

系列名	序号	书名	作者
思想学术系列（21种）	72	文明起源史话	杜金鹏 焦天龙
	73	汉字史话	郭小武
	74	天文学史话	冯 时
	75	地理学史话	杜 瑜
	76	儒家史话	孙开泰
	77	法家史话	孙开泰
	78	兵家史话	王晓卫
	79	玄学史话	张齐明
	80	道教史话	王 卡
	81	佛教史话	魏道儒
	82	中国基督教史话	王美秀
	83	民间信仰史话	侯 杰
	84	训诂学史话	周信炎
	85	帛书史话	陈松长
	86	四书五经史话	黄鸿春
	87	史学史话	谢保成
	88	哲学史话	谷 方
	89	方志史话	卫家雄
	90	考古学史话	朱乃诚
	91	物理学史话	王 冰
	92	地图史话	朱玲玲

系列名	序号	书名	作者
文学艺术系列（8种）	93	书法史话	朱守道
	94	绘画史话	李福顺
	95	诗歌史话	陶文鹏
	96	散文史话	郑永晓
	97	音韵史话	张惠英
	98	戏曲史话	王卫民
	99	小说史话	周中明　吴家荣
	100	杂技史话	崔乐泉
社会风俗系列（13种）	101	宗族史话	冯尔康　阎爱民
	102	家庭史话	张国刚
	103	婚姻史话	张　涛　项永琴
	104	礼俗史话	王贵民
	105	节俗史话	韩养民　郭兴文
	106	饮食史话	王仁湘
	107	饮茶史话	王仁湘　杨焕新
	108	饮酒史话	袁立泽
	109	服饰史话	赵连赏
	110	体育史话	崔乐泉
	111	养生史话	罗时铭
	112	收藏史话	李雪梅
	113	丧葬史话	张捷夫

系列名	序号	书名	作者
近代政治史系列（28种）	114	鸦片战争史话	朱谐汉
	115	太平天国史话	张远鹏
	116	洋务运动史话	丁贤俊
	117	甲午战争史话	寇伟
	118	戊戌维新运动史话	刘悦斌
	119	义和团史话	卞修跃
	120	辛亥革命史话	张海鹏　邓红洲
	121	五四运动史话	常丕军
	122	北洋政府史话	潘荣　魏又行
	123	国民政府史话	郑则民
	124	十年内战史话	贾维
	125	中华苏维埃史话	温锐　刘强
	126	西安事变史话	李义彬
	127	抗日战争史话	荣维木
	128	陕甘宁边区政府史话	刘东社　刘全娥
	129	解放战争史话	朱宗震　汪朝光
	130	革命根据地史话	马洪武　王明生
	131	中国人民解放军史话	荣维木
	132	宪政史话	徐辉琪　付建成
	133	工人运动史话	唐玉良　高爱娣
	134	农民运动史话	方之光　龚云
	135	青年运动史话	郭贵儒
	136	妇女运动史话	刘红　刘光永
	137	土地改革史话	董志凯　陈廷煊
	138	买办史话	潘君祥　顾柏荣
	139	四大家族史话	江绍贞
	140	汪伪政权史话	闻少华
	141	伪满洲国史话	齐福霖

系列名	序号	书名	作者
近代经济生活系列（17种）	142	人口史话	姜涛
	143	禁烟史话	王宏斌
	144	海关史话	陈霞飞 蔡渭洲
	145	铁路史话	龚云
	146	矿业史话	纪辛
	147	航运史话	张后铨
	148	邮政史话	修晓波
	149	金融史话	陈争平
	150	通货膨胀史话	郑起东
	151	外债史话	陈争平
	152	商会史话	虞和平
	153	农业改进史话	章楷
	154	民族工业发展史话	徐建生
	155	灾荒史话	刘仰东 夏明方
	156	流民史话	池子华
	157	秘密社会史话	刘才赋
	158	旗人史话	刘小萌
近代中外关系系列（13种）	159	西洋器物传入中国史话	隋元芬
	160	中外不平等条约史话	李育民
	161	开埠史话	杜语
	162	教案史话	夏春涛
	163	中英关系史话	孙庆

系列名	序号	书名	作者
近代中外关系系列（13种）	164	中法关系史话	葛夫平
	165	中德关系史话	杜继东
	166	中日关系史话	王建朗
	167	中美关系史话	陶文钊
	168	中俄关系史话	薛衔天
	169	中苏关系史话	黄纪莲
	170	华侨史话	陈 民　任贵祥
	171	华工史话	董丛林
近代精神文化系列（18种）	172	政治思想史话	朱志敏
	173	伦理道德史话	马 勇
	174	启蒙思潮史话	彭平一
	175	三民主义史话	贺 渊
	176	社会主义思潮史话	张 武　张艳国　喻承久
	177	无政府主义思潮史话	汤庭芬
	178	教育史话	朱从兵
	179	大学史话	金以林
	180	留学史话	刘志强　张学继
	181	法制史话	李 力
	182	报刊史话	李仲明
	183	出版史话	刘俐娜
	184	科学技术史话	姜 超

系列名	序号	书名	作者
近代精神文化系列（18种）	185	翻译史话	王晓丹
	186	美术史话	龚产兴
	187	音乐史话	梁茂春
	188	电影史话	孙立峰
	189	话剧史话	梁淑安
近代区域文化系列（11种）	190	北京史话	果鸿孝
	191	上海史话	马学强　宋钻友
	192	天津史话	罗澍伟
	193	广州史话	张磊　张苹
	194	武汉史话	皮明庥　郑自来
	195	重庆史话	隗瀛涛　沈松平
	196	新疆史话	王建民
	197	西藏史话	徐志民
	198	香港史话	刘蜀永
	199	澳门史话	邓开颂　陆晓敏　杨仁飞
	200	台湾史话	程朝云

《中国史话》主要编辑出版发行人

总 策 划	谢寿光　王　正
执行策划	杨　群　徐思彦　宋月华
	梁艳玲　刘晖春　张国春
统　　筹	黄　丹　宋淑洁
设计总监	孙元明
市场推广	蔡继辉　刘德顺　李丽丽
责任印制	岳　阳